共に在ること

会話と社交の倫理学

共に在ること

会話と社交の倫理学

水谷雅彦
Mizutani Masahiko

岩波書店

まえがき

本書は人間的コミュニケーションの基底と実相を倫理学という観点から論じようとするものである。そのような書物の冒頭にチンパンジーの写真を掲げるということは、奇を衒ったことだと思われるかもしれない(次頁)。しかし私にとって、この写真は本書執筆の間、常にデスクトップにあって、論に行き詰まった際にはいつも飽くことなく眺めていたものなのである。

これは、私と長らく共同研究をしている霊長類学者の中村美知夫氏(京都大学理学研究科)が、フィールドであるタンザニアのマハレ山塊国立公園で撮影したもので、多頭相互毛づくろいと呼ばれる行動である。それは、毛づくろいをしている一頭が他の一頭に毛づくろいをされていたり、一頭が他の二頭に、あるいは二頭が別の一頭に同時に毛づくろいをしたりするというものであり、ニホンザルや他の霊長類には真似のできないものである。人間とチンパンジーの間には、言語を始めとする大きな懸隔があることはもちろんである。しかし今なお私には、会話と社交をテーマにした本書のエッセンスの片鱗がこの楽しそうな「社交」風景のなかに隠されているような気がしてならない(中村美知夫「集まりとなる毛づくろい」、西田利貞、上原重男、川中健二編著『マハレのチンパンジー――《パンスロポロジー》の三七年』京都大学学術出版会、二〇〇二年を参照)。

人間の言語的コミュニケーションの起源を霊長類の毛づくろいに求めるという発想は、近年R・ダンバーによって展開され有名になったが(『ことばの起源――猿の毛づくろい、人のゴシップ』青土社)、本書にはもとより進化論的な関心はない。本書を手にとって下さった皆さんが、読み進むにつれて、小難しいとかつまらないとかいった感想をもたれたときには、一度この写真に戻って眺めていただければと思う。本書においてこの写真のもつ実質的な意味は、第三章で少し種明かしをしている。

本書は二部構成をとっている。前半の第一部「会話の哲学」では、コミュニケーションに関する倫理学の構築のための前提として、「会話」という、ありふれた、しかしこれまで十分には議論されてこなかった現象についての哲学的な考察が展開される。行論の都合上、いささか煩雑な議論をしているかにみえる部分があるかもしれないが、いずれも身近な例を元にしているので、少しだけ我慢してお付き合いいただければと思う。もちろん読み飛ばして第二部の「社交の倫理学」から読み

始めていただいてもよいような工夫はしたつもりではあるけれども、その場合にも註などを手引に適宜第一部へと戻っていただければ幸いである。第二部は、「社交」についての貴重な知見を与えてくれている何人かの思想家を手引として、人間的コミュニケーションの基底にあるものとしての社交の概念に基づいた倫理学の可能性を模索している。「無知」と「寛容」と「信頼」という三題噺の先に見えてきたものは、これまでの倫理学が問い続けてきた「共生」の一歩手前にある「共在」という、これまたありふれた、しかしこれまで十分には問われていたとは言い難い現象であった。

それでは、会話と社交の不思議さ、困難さ、そして何より楽しさを巡る小旅行へとご案内することにしよう。

目次

第一部

会話の哲学

第一章　哲学と会話——その不幸な関係

1　コミュニケーションと倫理

今から四十年ほど前に、ある哲学者は「コミュニケーション」という概念は、「今日流行語となっており、多くの領域で飽きるほど登場している」と書いた(1)。そして、そのことがこの概念が明晰ではないことを示してもいる、との指摘は今でもまったく正しいであろう。日本においてもそのころから、コミュニケーションという語を冠した大学の学部、学科が急増し、電子ネットワークなどの新たなコミュニケーションメディアの登場もあいまってか、コミュニケーションに関する出版、報道の量も増える一方である。

コミュニケーションが流行語となった経緯についてはさまざまな理由があるのであろうが、哲学者ならば、デカルトのコギトからカントの超越論的統覚の自我をへてフッサールの超越論的主観性にいたるヨーロッパ哲学の自我論における自己中心的な世界構成の理論が、いわゆる

「他者」ないしは「他我」問題というアポリアに直面せざるをえなかった点に注目するかもしれない。これに加えて、前世紀における言語への関心の集中、とりわけ「意識の哲学から言語の哲学へ」という、いわゆる「言語論的転回」(linguistic turn)が、今日のコミュニケーション理論隆盛の土台となったことも確かである。さらに、こちらのほうがより本質的でもあろうが、文化間であれ世代間であれ、現代の社会が、かつてなかったほどにコミュニケーションの障害に直面しており、コミュニケーションがつねに「欠乏／欲求」(besoin)の状態におかれているという意識が広く一般化していることもまた、コミュニケーション研究の隆盛を理由づけていると思われる。

さて、「欠乏／欲求」がコミュニケーション研究の流行の大きな一因であるならば、そこにおける言説が、明示的にせよ、暗黙のうちであるにせよ「よきコミュニケーション」のありかたを追求することにむけられるであろうことは十分予想可能である。そうであるならば、倫理学もまたこの「問題」と無縁ではありえないだろう。ただ、哲学あるいは倫理学は、一挙に「よきコミュニケーション」とは何かを問うほどには、コミュニケーションという現象、しかもそこかしこにありふれたこの現象を、その最も基礎的な層において解明してきたとはいえないのではないだろうか。

なにをもって「よき」コミュニケーションとするかについての倫理学的議論はひとまず措くとしても、「よき」コミュニケーションを論じることが、いくつかの「自然」なコミュニケーション現象を、コミュニケーションの「失敗」、「不全」、あるいはせいぜい「周辺的」なものとしか分類できないことにつながるとすれば、そこにはコミュニケーションというものの全体像を見誤らせる危険性があることも確かである。実際、コミュニケーションという現象に関心をもち、それゆえにいくつかの代表的なコミュニケーションの理論についての知識をもってフィールドワークに赴いた何人かの人類学者は、そこで「変な」コミュニケーションのパターンが頻繁に発生することに驚き、それがその文化の特性を如実に表現するものではないかと考え、詳細に分析しようとする。しかし、たいへん興味深いことに、そうした研究が予備的段階で研究会などで発表されるとき、きまっておきる反応は、「そんなの、われわれがいつも飲み屋でやっていることじゃないか」というものなのである。

もちろん、こうした素人的反応自体は、真摯な文化研究に対する「禁じ手」であるには違いないのだが、「変則的」なコミュニケーション・パターンが「自然」であるということはどのように理解すべきなのだろうか。「コミュニケーションの哲学」なるものが存在するとするならば、それはこうした事態にもとづいて既存のコミュニケーションの「理論」そのものを逆照射することにつながるものでなければならないであろう。本章は、そのための予備的考察である。

コミュニケーションの流行はなにも理論的な学問の諸領域に限定されることではない。巷にはコミュニケーションに関する「実用書」が氾濫している。コミュニケーションの「欠乏／欲求」がたとえば「文化摩擦」や「世代間摩擦」といった焦眉の問題と関係するとするならば、これもあたりまえのことであろう。そこには、一種の「マナーブック」から議論に勝つための「戦略本」とよんでよいようなものまで多様なスタイルのものを見いだすことができる。しかるに、いくつかの研究を除けば、コミュニケーションの学術的な「理論書」の多くは、ほとんど「マナーブック」として読むことすら可能なのである。実際、後にふれるＪ・サールやＰ・グライスの論文のみならず、「ていねいさ」(politeness)に関するＰ・ブラウンとＳ・Ｃ・レヴィンソンのうんざりするほど詳細(煩雑)な規則の提示は、冗談抜きで英語圏におけるきわめて有用なマナーブックたりうる。(2) これは、語用論的な規則というものが言語的規則と倫理的規則の接点である文化規範である以上当然のことであろう。

しかし、そうした規則やマナーがつねに完全に遵守されている社会というものを想定してみるならば、それは相当におぞましく、グロテスクな社会であろうことも容易に想像可能である。なによりも、そのような社会にあって、ひとびとは必要最小限以上のコミュニケーションをしたいと願うであろうか。そのような社会でのコミュニケーションは楽しくなく、笑いなど一切ないものであろうことはまちがいない。(Ｐ・グライスの発話の「含意」(implicature)の理論は、この点についての画期的な説明でもある。)この、「よき」コミュニケーションの追求がコミュニケーションそのものを痩せ細らせるという、(あたりまえといえばあたりまえではあるが)逆説的である事態はなにを意味しているのだろうか。ここでの問題意識は、これまでの哲学あるいは倫理学は、未だ「よきコミュニケーション」を直接問えるほどには成熟してはおらず、これまであまりに軽視し、見落としてきたコミュニケーションの実相を、様々な周辺諸科学の知見を援用しつつ、再考すべきであるというものである。

たしかに、哲学における「言語論的転回」以降の倫理学、たとえばＪ・ハーバーマスらの「コミュニケーション倫理学」(ないしは「討議倫理学」)が、倫理学の領域において、この「流行」に棹さすものであったともいえるかもしれない。しかし、この画期的ともいえる試みでさえ、「倫理」を語るに早急なあまり、コミュニケーションというもののもつ多くの側面を捨象してしまっているように思われる。「よきコミュニケーション」の理念を先取りして、そこからコミュニケーション一般を語るというその方法が理論的に不可能ではないにせよ、それがコミュニケーションという日常的な現象に対する眼差しに特定のバイアスを前もって与えている可能性が少しでもあるならば、その理念の背後にある前提に対する反省が要求されるであろう。そしてその反省は、コミュニケーションという現象への透徹した眼差しによってのみ達成されることも確かなのである。

コミュニケーションの哲学は、いったん「欠乏／欲求」というコミュニケーション研究の隠された動機づけを括弧に入れ、溢れ出るコミュニケーションという「事実」にたちもどることを要求する。それはコミュニケーションの「過剰／欲望」(désir)について、そしてコミュニケーションのエロスや快楽について語ることをも可能にするものでなければならないであろう。(3)

2　コミュニケーションと「会話」

コミュニケーションと哲学というわれわれの主題に関しては、少なくとも西洋倫理学にとっての始祖たるソクラテスこそが、コミュニケーションそのものの重要性を何より自覚していたのではなかったかとの指摘がなされるかもしれない。そして、プラトンは、およそ著作というものを残さなかった師の哲学を「対話篇」という形式において表現したのではなかったのかとも。しかも、そこでは、哲学的営為の最たるものともいいうる「思考」(dianoia)ですら、魂が自分を相手に声に出さずに行う「対話」(dialogos)であるとさえ繰り返しいわれている。内山勝利は、この「対話篇」という形式が必然であったことを比類ない明晰さにおいて解き明かしている(4)。ただ、その必然性は、「真理探究」という目的にとっての必然性であった点には注意をしなければならない。つまり、内山の書物の副題が示すように、「対話」は真理探究の「方法」であったのだ。そうであるならば、それは通常一般のコミュニケーションとは区別された特別なコミュニケーションの形態であったといわねばなるまい。だからこそ、ソクラテスの相手は誰であってもよいというわけではなく、そこには一定の条件が存在する。

内山は、これを初期対話篇にしばしば出てくる「思っているがままを言ってくれたまえ」というソクラテスの台詞、あるいは『ゴルギアス』篇でいわれるところの「率直なもの言い」

(parrēsia)ということに見いだしている。[5] そしてこの点では、たとえば「相手が、知識と好意と、さらに率直さという三つの条件を備えていなければならない」とする記述のみられる『ゴルギアス』篇においては、最初の二人の登場人物、すなわちゴルギアスとポロスは失格であり、最後に登場するカリクレスこそが真の「対話者」たる資格をもつことになる。この「条件」そのものの検討は、後に触れることになる「解釈学的対話」や、「言語行為論」あるいは「討議倫理学」における「誠実性」概念との比較という興味深いテーマを与えてくれるが、さしあたってここでは、プラトンの描くソクラテスの対話が、哲学の歴史のなかで、たんなる「会話」、「おしゃべり」以上のなにものかであるとされてきたということを確認しておくだけでよいであろう。

しかしまたその対話は、まぎれもなく「おしゃべり」なソクラテスによって、そして「会話好き」なアテナイの人々によって実現されてもいたのではないのか。ソクラテスの対話に、一切の無駄のない「議論」だけがあったとすれば、あるいはプラトンが、師ソクラテスを中心として行われた対話のなかから主題に即した「議論」に関わる部分だけを抽出して講義録のように「記録」していたならば、三十数篇にのぼる対話篇は、あれほど生き生きしたものにはならなかったのではないかとさえ思われる。アイロニーとしての内実はともかくとしても、「お世辞」さえ言うソクラテス、誰彼なしに気軽に挨拶をするソクラテスの姿は、そこでの議論に臨場感といったもの以上の何かを与えているように思われる。

さらにいうならば、ソクラテスの対話はアカデメイアやリュケイオンにおいてなされたのではなかった。つまりそれは「ゼミナール」として、特定の時間と空間のなかで実施されたものではなく、たとえば『クラテュロス』篇などにみられるように、アテナイの街中や路上においてすでに始められていた対話に、そこを偶然通りかかったソクラテスが参加する場合すら珍しくなかったのである。予備的考察という性格上、「倫理」に関わることに言及することはさしあたって禁欲しなければならないのだが、当時のアテナイがこうした街頭でのコミュニケーションを可能にするエートスを(たとえ奴隷制という条件のもとであっても)もっていただろうことについては着目しておくことができるだろう。

さて、この対話篇という「方法」が、後継者たるアリストテレスによっては継承されなかったことは周知の事実である。本書には、その理由を、アリストテレスにおけるディアレクティケーに対するアポディクティケーの優位という「通説」に求めることの可否を論じる能力はないが、いずれにせよこれ以降の哲学、倫理学において、人間的コミュニケーションのありかたを直接の主題としたものは、ほとんどなかったといってよいだろう。近代哲学におけるいわゆる「分析的理性」の突出、あるいはそれに対置されるはずの「弁証論/法」の、カント/ヘーゲルによる脱コミュニケーション化を問題にすることもできるかもしれない。さらには、ユダヤ・キリスト教的伝統において、「対話」というものの究極のありかたが「永遠の汝」(ブーバー)としての神との対話(たとえば「祈り」)に求められるとき、典型的には修道院にみられる

「沈黙」の奨励とともに、通常の人間的コミュニケーションは、「神無き人間の悲惨さ」に直面することから逃亡する「気晴らし」(パスカル)のひとつとされてしまった観もある。

そうしたコミュニケーション観の代表として、いくつかの著作において沈黙を称揚し、おしゃべりを断罪する文章を残しているキルケゴールをあげることができよう。たとえば、『現代の批判』に以下のような文章をみることができる。いささか長くなるが引用しておく。

おしゃべりするというのはどういうことであろうか？　それは黙することと語ることとのあいだの情熱的な選言を止揚することである。ほんとうに黙することのできる者だけが、ほんとうに語ることができ、ほんとうに黙することのできる者だけが、ほんとうに行動することができるのだ。沈黙は内面性である。おしゃべりは、ほんとうに語ることを先取りしてしまい、反省の所見は機先を制して行動を弱める。しかし沈黙をまもりうるがゆえにほんとうに語ることのできる人は、語るべき多くの話題をもたない、ただひとつの話題をもつばかりであろう。そしてその人は語るべき時と黙すべき時(伝道の書三・七)を見いだすだろう。おしゃべりは外延的にひろがっていく。つまり、おしゃべりはありとあらゆるものをおしゃべりの話題にし、そしてひっきりなしにしゃべりつづける。

個人個人が足ることを知って心静かに、満ち足りて心ゆたかに、宗教的な内面性に甘んじて、心を内に向けているのではなくて、むしろ反省関係において心を外に向け、お互いに求め合うような時代、なにか大きな事件が起こって糸のはしばしをつなぎ合わせ、みんなが一致団結して破局に立ち向かうということのないような時代、そのような時代には、おしゃべりが時を得顔に栄えるのだ。大きな事件というものは、情熱的な時代に語るべき話題を与える。すべての人々が同じひとつのことについて語ることだろう。(中略)ところがおしゃべりはそれとはまったく違っておしゃべりの話題を山ほどもっている。それから大事件が過ぎ去ってしまって、沈黙がおとずれてきても、その沈黙のあいだにも、新しい世代がまったく別の話題について語るあいだにも、思い出すべきこと、考えるべきことが何かはあるはずなのだ。ところがおしゃべりは沈黙の瞬間を恐れる。沈黙の瞬間は空虚さを暴露するだろうからである。(6)

『道徳の系譜』のニーチェもこれに続く。

ヘラクレイトスが避けたものは、やはり今日われわれが避けるものと同じものであった。すなわちエフェソス人たちの喧騒と民主主義的おしゃべり、彼らの政治、〈帝国〉に関する彼らのニュース、いわゆるご時世についての彼らの市場的な御託ならべ、がそれであった。(中略)というのも、われわれ哲学者たるものはまずある一事からの、すなわち一切の〈ご時世〉なるものからの久安を必要とするからだ。われわれは静寂を、冷厳を、高貴を、悠

遠なるものを、過去のものを尊重する。(7)

しつこいようであるが、さらにハイデッガーによる「おしゃべり」(Gerede)に関する記述も著名であろう。ハイデッガーは『存在と時間』において、(その他の場合と同様に)この概念を倫理的な意味で、すなわち「貶める」意味で使うのではないと断りつつも、平均的日常性のなかでの現存在の「ひと」(das Man)への「頽落」(Verfallen)に関する章において、次のように述べている。

相互共同存在は、所詮、すでに語られているものについて互いに語りあったり配慮したりするだけで、その域から出ることはない。何であれ、とにかく語っているということが重要である。言われていたり、標語や寸言になっていたりさえすれば、もう語りとその理解が本物であって事柄に即したものであると太鼓判を押されたことになる。語りは、自分が取り上げる存在するものとまともに向かいあって関わるような在りようを失っているか、そもそも得たためしもないから、伝達するといっても、話題となっている存在するものを根源的にあらためて自分で納得するというかたちで分かちあうわけではなく、ただ口づてや受け売りというかたちで伝えるに過ぎない。語られたものそのものが次第に広い範囲に及ぶと、それは権威的な性格を帯びることになる。そう言われている以上、そうなのだ、ということになる。このような口づてや受け売りによって、最初から確たる根拠もなかったのがいよいよ嵩じて全く何の根拠もないものになる。そういう中で構成されるのがおしゃべりである。(8)

また、『形而上学とは何か』においては、先のキルケゴールを彷彿とさせるような表現もなされている。

不安はわれわれに言葉を封ずる。有るものが全体として滑り落ちて行き、そのようにしてまさしく無が押し迫って来るが故に、無に直面してはいかなる「ある」ということも沈黙する。われわれが不安の不気味さの内にあって縷々、空虚な静けさを、まさしく無闇矢鱈におしゃべりすることによって、破ろうと求めること、そのことはただ、無が現在することを示す証拠にすぎない。(9)

本書の目的は、今なおある種の含蓄と迫力をもってわれわれに訴えかけてくるこうした記述に対して、素朴な「大衆社会批判論」でしかないと正面から反論することではないし、こうした大哲学者が考えたであろう「真正の」コミュニケーション論を直接分析の対象にすることにあるのでもない。ただ、そこに一定の倫理観が現れているかぎりにおいて、そうしたものを、その現代に至るまでの影響を含めて批判的に検討することも重要ではあるだろう。しかしそれ以上に、こうしたコミュニケーション観が、日常的な人間的コミュニケーションの常態へのまともな哲学的考察を等閑視することにつながるとするならば、コミュニケーションの倫理学を語るに先立って、この伝統をいったん括弧に入れてすべてのコミュニケーションの基底にある「共に在ること」の層へと立ち戻る必要があるのではないかと思われるのである。

第二章　コミュニケーションは伝達ではない
——コードモデルとその限界

哲学という領域の外では、現代的なコミュニケーション理論は数学的な理論として登場した。なかでもC・E・シャノンとW・ウィーバーによる『コミュニケーションの数学的理論』は、情報通信技術にとって今なお大きな影響力をもつものであり、この理論なくしては、インターネットに代表される今日のデジタル通信は存在しえなかったといっても過言ではない。本書には、ボルツマンの統計力学を情報理論に応用したその精緻な理論の全容について論じる能力はないが、ここでは、後論のために重要と考えられるいくつかの点に関してのみ注目してみることにしたい。

まず、シャノンらのコミュニケーション概念は、ある意味では単純な次の図によって表現される(**図1**)[1]。つまり、情報源にあるメッセージが送信機において特定のコードにしたがって「符号化」(encode)され、それが通信チャネルを通って受信機に届き、そこで先ほどのコードと同じコードにしたがって「解読」(decode)されて最終的な宛先に届くというものである。この

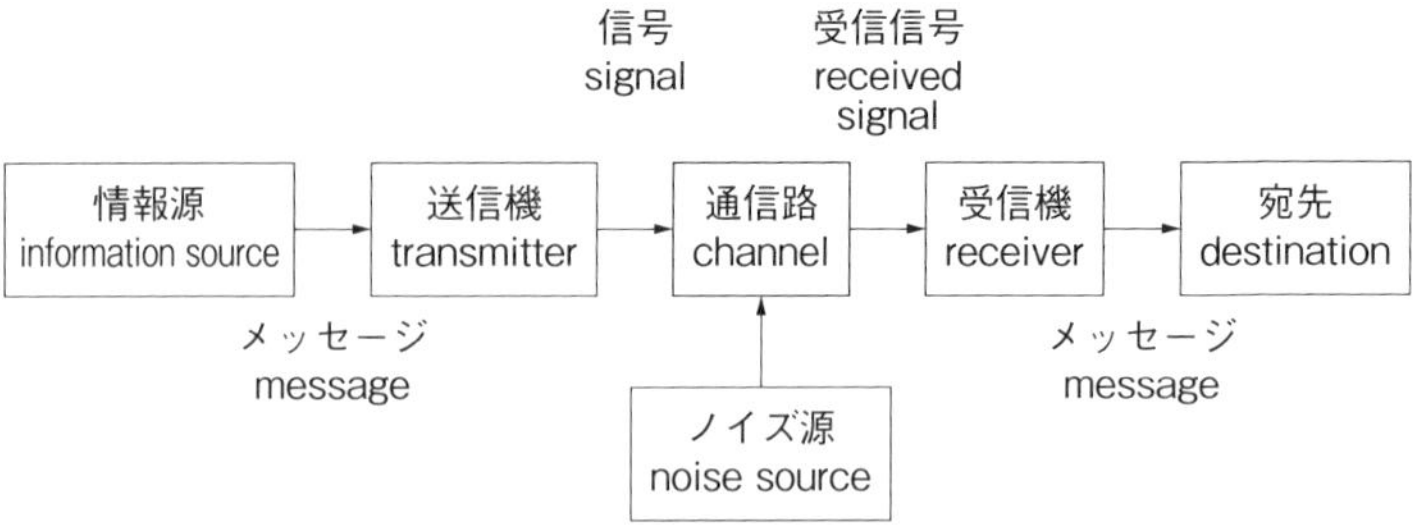

図1

意味では、こうしたモデルを「コードモデル」とよぶことができる。

注意が必要なのは、このモデルにおいては情報の送り手と受け手の双方で同じコードがあらかじめ共有されているという点である。簡単な例としては、送信者が自然言語をモールス信号に直し、それをまた受信者がモールス信号のコード表を利用して自然言語に復元するといった場合を考えればよいであろう。したがって、このモデルは情報の「伝達モデル」ないしは「復元モデル」ともよびうる。

さて、この機械間の情報通信に関わるモデルが、そのまま人間的コミュニケーションに適用できないということについてはすでに多くの指摘がある。最も有名なものとしては、このコードの「共有」可能性に関するパラドックスを挙げることができよう。これは、より一般的には、コミュニケーションにおける「共有知識」(shared knowledge)、あるいは「相互信念」(mutual belief)に関するパラドックスとして知られている。たとえば、H・H・クラークとC・R・マーシャルは、このパラドックスを次のような奇妙な例で説明する。

ある日、朝刊の映画広告で、街の映画館のその日夜の上映映画がAと記されていた。しかし、夕刊ではそれがBという映画に変更されていた。ボブとアンの夫婦は、朝刊を一緒に見ていて、今夜の上映映画がAであることを共に知っており、かつ互いがそれを知っていることを知っている。ところが、先に帰宅したボブが夕刊を見て、上映映画の変更を知り、アンが夕刊を見たならば気がつくように、そこに印をつけて近所に買い物に出る。その後、アンは夕刊を見て映画の変更と、それにボブが気がついていることを同時に知る。ここで、二人は共に、その夜の映画がBであることを知っている。ボブが帰ってきたときに、アンは「今夜の映画、見たことある?」とボブに聞く。この場合、ボブはアンの言う「今夜の映画」がAかBかを確定しうるか。また、ボブが窓の外から偶然にアンが夕刊の当該頁を見ているのを目撃していたならばどうか。(2)

彼らの結論は、ボブはいずれの場合にもそのような確定ができないというものである。つまり、アンの言った「今夜の映画」が何を指示しているかについてのボブの知識は、ボブが「アンがそれがBであることを知っている」ことを知っているだけでは確定されえない。つまり、アンがそのこと、すなわち「ボブが「アンがそれがBであることを知っている」ことを知って

いる」ことを知っている必要があるのだが、ボブの側はさらにそのことを知らねばならないのである。かくして、ここでの相互信念の共有可能性は、少なくとも理論上は無限背進してしまうことになる。

同様のことがコードの共有ということにおいても発生することは言うまでもない。コードの共有は、まぎれもなく相互知識に関する事柄であるからである。つまり、「相手が同じコードをもっているということを自分が知っており、かつそのことを相手も知っており、さらにまたそのこと自身を自分が知っており……」といった無限の相互反照的な背進が発生するわけである。これは、パーソンズ／ルーマンの言う「二重の偶有性」(double contingency)の議論とも関わる。すなわち、自己の選択の偶有性が他者の選択の偶有性と二重になることによって、他者の自己に対する予期をも予期せざるをえないという事態が、人間的コミュニケーションにとっての初期条件であるのだ。(この概念については、後に第八章で再度扱う。)

シャノンらのモデルがこうしたパラドックスと無縁のものであることは言うまでもない。それは機械間の「情報通信」のモデルであり、送受信双方の機械の外側にいて、メッセージの「意味」を解釈する人間の存在を考慮する必要はさしあたってはないのである。また、人間的コミュニケーションにおいても、通常はこのようなパラドックスを意識することはほとんどといっていいほどないと言えるだろう。たとえば、先の例においても、「今夜の映画ってBのこと?」と一言聞くだけで、あるいは夕刊を共に開いて見る機会を作るだけで誤解を防ぐことができる。クラーク&マーシャルも、「共同知覚経験」(joint perceptual experience)あるいは、「物理的／言語的共在」(physical/linguistic copresence)といったことが、相互知識の成立を保証するとしている。

ただ、それは誤解を防ぐための方略が多様にありえるという指摘であり、このパラドックスが人間的コミュニケーションの根底に初期条件として横たわっていることを否定するものではない。さらに言うならば、コードというものが意味解釈の規則である限りにおいて、このパラドックスは、あのウィトゲンシュタイン=クリプキの有名なパラドックスへとつながることになる。人間的コミュニケーションのパラドックスは、『哲学探究』第二〇一節「規則は行為の仕方を決定できない。なぜなら、いかなる行為の仕方もその規則と一致させられうるから。」に由来するパラドックスの一例である。この意味で、人間的コミュニケーションとは「ありえそうにないもの」であり、ひとつの賭けですらある(この点については、後に第五章で再度考察する)(3)。

また、シャノンらのモデルは、ビット(bit)という概念を導入して情報を量化する点にその最大の特徴がある。ごく簡単に説明してみよう。ある状態が生起しているかどうかを0と1で表したときに、この一桁の2進数の表現をビットという。一般にnビットで2のn乗の事象の生起状況を表現できる。この場合、nビットで表現される各事象が同じ確率で生起するならば、ひとつの事象が生起する確率pは1/2のn乗となる。これをnについて解くと、$n = -\log_2 p$

となり、これはある確率pで生じる事象を表現するのに必要なビット数を表している。この必要ビット数(各事象はいつも同じ確率で生起するわけではないので、実際には平均値、または期待値)が、シャノンのいう情報「量」なのである。シャノン理論の眼目は、できるだけ効率的に情報伝達が行われること、つまり最少の符号で最大量の情報を伝達することを目指す点にあった。これは、逆に言えば、メッセージの復元にとって不必要な符号列は「冗長」なものであり、この冗長性を減らすことこそが、コミュニケーション理論の最終目的であるということになる。

コミュニケーションの効率ということに定位して考えるならば、制度やシステムによる規則＝コードの事前の一義的決定ということは目的論的な理念となろう。そこでの理想は、たとえば1ビットで本一冊の情報を送るといったものである。(これは木村大治による例であるが、送り手と受け手が同じ二冊の本A、Bをもっておき、ビットが0だったら本Aの内容が、ビットが1だったら本Bの内容が送られるとあらかじめとりきめておくことにより可能となる。)あるいは、某文豪が自著の売れ行きを版元に「?」と問い合わせ、版元が良好な売れ行きを「!」と電報で知らせたというよく知られたエピソードが想起されるかもしれない。さらに、権力的かつ効率的な情報伝達としては、「いついつ試験をするので『純粋理性批判』を全部読んで理解しておくこと」とだけ開講日に宣言して立ち去る教師といった例も考えられよう。この教師は「よき」教師だろうか。これらの例は「よき」コミュニケーションなのだろうか(4)。

もう一点指摘しておきたいのは、シャノン流のコードモデルではコミュニケーション・チャンネルが少なくとも同時的には単数しか考えられていないのに対して、現実の人間間のコミュニケーションでは、複数のチャンネルが同時並行的に使用されることがほとんどであるという事態である。ここでは、言語コミュニケーションと非言語コミュニケーションという二つのチャンネルを考えてもよいし、さらに言語コミュニケーション内部においても、プロソディーなどを考慮にいれて複数のチャンネルを想定することもできる。最近流行している表現を使うならば、ほとんどのコミュニケーションは、マルチモーダルなのである。

G・ベイトソンによって有名になったダブルバインド状況は、シャノン＝ウィーバーの機械間コミュニケーションでは発生しようがない。このことは、情報の復元モデルともいうべきシャノンのモデルでは、いかなるチャンネル、したがっていかなるコードを用いようとも、復元される結果が等しいということが要請されていること、言い換えれば、異なったチャンネル間に全き翻訳可能性が前提されていることを意味する。つまり、モールス信号を使用しようが別の暗号を使用しようが、得られる結果が同じでなくてはならないのである[5]。しかしながら、現象学者であるH・シュミッツが明らかにしたように、表情的伝達と言語的伝達を一義的に結ぶ解釈規則が存在しないとすれば[6]、すなわち、チャンネルを変えれば伝達される内容までもが変容を被らざるをえないとするならば、この要請や前提をコミュニケーション一般のモデルのなかに組み込むことはできなくなる。

また、このような前提は、コミュニケーション・チャンネルとその中を通過するメッセージの内容が相互に独立し、無関係であるという素朴な想定と結びついているといわねばならないが、そのことの妥当性も問題にされなければならないであろう。(7) さらにいえば、チャンネルの複数性ということが、同時にコードの複数性を含意し、どのチャンネル(とそこにおいて想定されているコード)が主チャンネルでどのチャンネルが従チャンネルかの決定が偶有的である以上、先に述べた二重の偶有性の問題がここでも顔をだすことになる。

まとめるならば、シャノンの理論はコードの共有や解釈規則にまつわるパラドックスとはまったく関係がないところで、「より速く、より正確に、より多く」の情報を伝達することをコミュニケーションの理想とするものであった。この理論がデジタル情報通信の基礎理論である限りにおいては、この理想には何の問題もない。しかし、これが人間的コミュニケーションにとっての理想であるかどうかに関しては議論の余地があるだろう。

たとえば、先にふれた「おしゃべり」などは、ある意味では「冗長」の極みであるかもしれない。もちろん、それを先に挙げた大哲学者たちのように断罪することは不可能ではないだろう。ただ、「おしゃべり」を批判することを直接の目的としているわけではないような理論、つまりはコミュニケーションの倫理学に先行するものとしての人間的コミュニケーションの基礎理論のなかに、倫理的ともいえる前提が埋め込まれているとするならば、それはコミュニケーションという現象を正確に、かつ包括的に捉えるという目標にとって障害となりかねない。

しかしながら、現在までの多くの人間的コミュニケーションに関する理論が、この点を正しく問題視しているとはいえないのではないかというのが本章の問題意識のひとつである。そこでは、われわれが、まるで「より速く、より正確に、より多く」というコンピュータ通信と同様の目標の実現のためにさまざまな方策を用いてコミュニケーションをしているかのような議論がなされているのではないだろうか。コミュニケーションを何らかの情報や意味の伝達と捉える立場は、後にみる言語行為論をはじめとして、脈々と続いているのである。その当否の検討は、それらの理論が、コードや解釈規則のパラドックスを正当に扱っているか、そしてまた、それらがわれわれの日常的コミュニケーションの実相、いわば「コミュニケーションの自然誌」を正確に記述しえているかという観点からなされるべきであろう。

第三章　コミュニケーションの推論モデル

——関連性理論

現代のコミュニケーション理論のなかで、いわゆる「コードモデル」に対する批判的立場を最も鮮明にうちだしているのは、D・スペルベルとD・ウィルソンによる「関連性理論」(Relevance Theory)であろう。まず、スペルベルとウィルソンは、「あらゆる発話に対して唯一の意図された解釈を自動的に生成するような機械的な手段はない」とする。つまり、伝達を保証するアルゴリズムなどは存在しないというわけである。次のような例が考えられる。

異なる部族の出身で共通言語をもたない囚人AとBが、採石場に入れられて互いに背を向けた状態で石切作業をさせられている。双方にはそれぞれ監視人がついているが、この監視人の注意をそらせるような出来事が起きた。二人の囚人が同時に監視人に襲いかかれば逃亡は可能になる。ここで必要な情報は、互いがいつ攻撃を開始するかである。囚人Aが突然口笛を吹き、両者は監視人を倒して逃亡した(1)。

これをスペルベルとウィルソンは、口笛を「今こそ攻撃の瞬間である」という情報と結びつけるコードが前もって存在していなかったにもかかわらず共通の理解が達成された例としてあげている。では、そこでは何がなされたのだろうか。彼らの答えは単純明快である。そこでは「推論」がなされたのである。この例に則して、コードモデルに対する彼らの「推論モデル」をかんたんに説明してみよう。囚人Aの口笛は、囚人Bの「認知環境」(cognitive environment)に刺激を与え、それに変更を加えるものであった。認知環境とは、当人にとって「顕在的」(manifest)な事実の集合のことであり、「顕在的」事実とは、ある時点で当人がその事実を心に描き、それを真、あるいは蓋然的に真であるとして受け入れることのできるような事実のことである。囚人Aの口笛は、囚人Bの認知環境に手を加えて新しい何事かをBにとって顕在的なものにすること、すなわち何かを知らせようとする意図を含んでいる。これを「情報意図」(informative intention)という。さらに囚人Aは、この情報意図を自分がもっていることそのものが自分と囚人Bにとって顕在的になるようにしようとする意図を同時にもつ。これは「コミュニケーション意図」(communicative intention)とよばれる。

さて、囚人Bは、囚人Aの口笛によって自らの認知環境に与えられた刺激をどう処理したのか。受信者である囚人Bは、自分がこれまでもっていた情報と新しい情報を、ある種の演繹的推論によって結合させることをつうじて「文脈効果」(contextual effect)を獲得する。この例の場合、旧情報とは、AとBの二人が逃亡を願っており、かつそのことを互いに知っているということ、さらには、監視者が目をそらした瞬間に同時に攻撃を開始すれば逃亡が可能になることを相互に知っているということ、そして今監視者の目がそれたということなどになるだろう。他にも、その場の地形や天候、時刻なども利用可能で有力な旧情報になる。

ここで囚人Bが行う推論は、自らに新たに与えられた刺激であるところのAの口笛を、それが最も大きな文脈効果をもつように、すなわち自分にとって最も重要な意味をもつものとして解釈することである。しかし、その推論があまりに労力のかかる、処理コストの高いものであったならば、その益は少ない。そこで、選択されるのは、「文脈効果の大きさ」マイナス「推論にかかる処理労力」という引き算の答を最大化するような解釈であり、この引き算の答が大きければ大きいほど「関連性」(relevance)が高いということになる。(2) この場合、囚人Bは、囚人Aの口笛の意味するものが、たんなる気まぐれな鼻歌に類するものではなく「今だ、監視者を襲え！」という重大なメッセージであることを、比較的容易な推論で理解し、そして直ちに監視者に襲いかかるに至ったのである。

この推論モデルがコードモデルのもっていた問題の一部を解消するものであることは間違いないだろう。それは、コードなどが存在していない場合であってもコミュニケーションが成立するということを示した点で、共有知識のパラドックスを逃れているかにみえる。さらにいうならば、事前にコードが存在している場合のコミュニケーションに関しても、そのコードを顕在化可能な（つまりそのつどの意識によび出し可能な）旧情報のひとつに数えてしまうことによってコードモデルを包摂しているとさえいえる。

実際、スペルベルとウィルソンは、彼らの理論にとっての先駆者であるグライスの会話の四種類の「格率」、すなわち「量・質・関係性・様態」の格率のうち、「関係性の格率」（maxim of relation）に他の三つを還元することに成功しているかにみえる。しかも、推論モデルにおける推論は、「非論証的推論」（non-demonstrative inference）であり、固定したアルゴリズムに基づく伝達ではなく、「発見法的」（heuristic）な特徴をもつがゆえに、情報の完全な「復元」などを目指すものではない。この意味では、推論モデルはコードモデルと同時に「復元モデル」をも越えているといえるだろう。それは伝達の成功を蓋然的なこととし、コードモデルに代表されるようなコミュニケーション理論が前提とする「伝達の成功を保証する安全装置のメカニズム」を記述することを目標とはしていない(3)。これが、「誤解」の頻発するわれわれの日常的コミュニケーションのありかたに、コードモデルに比べて直観的にあてはまることが多いものであることはいうまでもないであろう。

しかし、この理論にもひとつの大きな前提が隠されている。関連性理論においては、「情報意図」と「コミュニケーション意図」の両方が備わった発話のみが範型的なものとして扱われる。そして、この二つの意図が発話者と聞き手の双方にとって顕在化するような場合、すなわちスペルベルとウィルソンが言う「顕示的－推論的コミュニケーション」（ostensive-inferential communication）だけが、コミュニケーションの成功例として考えられているのである。このことがもたらす問題は、「意図」というものの扱いの困難さと関わる。スペルベルとウィルソンが挙げている以下のような例を彼ら自身が扱いかねているように思われるのも、その困難さの一例であろう。

メアリーは疲れていることをピーターに知らせたいのだが、あからさまに伝えたくはないので、つくりあくびをして見せる。しかし、このつくりあくびは、あまりうまくいかず、それがつくりあくびであることは双方にとって明白になる。この場合、疲れているというメアリーの情報意図は相互に顕在的であり、かつ本来隠されているべきそのコミュニケーション意図までもがメアリーの意図に反して顕在化してしまったのだ。(4)

スペルベルとウィルソンが、この例のコミュニケーションとしての身分の扱いに窮しているのは、「非意図的な顕示的コミュニケーション」(unintended ostensive communication)という奇妙なカテゴリーまで作っていることをみれば明らかであろう。しかし、こうした例は、関連性理論にとっては例外的なものでしかない。彼らの分析の中心は、あくまで「顕示的‐推論的コミュニケーション」が成功した例に基づいて、それがなぜ成功したのかというメカニズムを解明することにある。つまり、それはコードモデルや復元モデルのもつ問題を回避しつつも、なお

「伝達モデル」というべき位置づけにとどまっていると思われる。つまり、スペルベルとウィルソンにとってのコミュニケーションとは、「意図の伝達」であったのだ(5)。そこでは、ある発話が聞き手にとって、その認知環境を変化させる刺激であるという極めて魅力的な発想が、最終的には話し手の意図の相互顕在化という一点に縮減されてしまっている。たとえば、先に挙げたクラークとマーシャルの映画に関する会話の例を改変した次のような場合を考えてみよう。

ある日、朝刊の映画広告で、街の映画館のその日夜の上映映画がAと記されていた。しかし、夕刊ではそれがBという映画に変更されていた。ボブとアンという夫婦は、朝刊を一緒に見ていて、今夜の上映映画がAであることを共に知っており、かつ互いがそれを知っていることを知っている。ところが、先に帰宅したボブが夕刊を見て、上映映画の変更を知り、アンが夕刊を見たならば気がつくように、そこに印をつけて近所に買い物に出る。ここで映画Aは話題の恋愛映画であり、Bは冒険活劇映画であるとする。買い物から帰ったボブにアンが「でも、ほんとうは私、今夜の映画みたいに甘ったるい映画は好きじゃないんだよね」と言う。

だれもがすぐ気がつくように、ボブは、アンのこの発話を聞いて「アンは自分が夕刊につけた印をまだ見ておらず、したがって今夜の映画がBであることも知らない」ということをごく簡単な推論によって知るだろう。この場合でも、ボブの認知環境はアンの発話を刺激として改変されている。ここではアン自身の情報意図もコミュニケーション意図も、双方にとって極めて明白である。しかし、そこでボブにとって最も関連性をもつ情報として顕在化したのは「アンは今日の映画がBに変わったことを知らない」ということだったのだ。(6) こうしたことは、われわれの日常生活におけるコミュニケーションにおいてありふれている。つまりそれは何か例外的な特殊事例ではないのだ。

聞き手にとって話者の意図は顕在化させるべき事実、しかもかなり重要な事実であることは確かであるとしても、それは他のさまざまな事実とならぶひとつであるにすぎない。そして聞き手は発話を、自らの認知環境にある他の事実とならぶ「資源」(resource)として、関連性のあるかぎりにおいて相当自由に利用できるのである。スペルベルとウィルソンの関連性理論は、聞き手による推論という発想がもつ豊かな可能性にもかかわらず、多くのコミュニケーション理論が前提にしてしまっている「話者中心主義」、あるいは「話者の意図の特権主義」、「意図の伝達モデル」とでもいうべき立場にとどまっているといわねばならない。緊張のあまり、鼻歌まじりの口笛を攻撃の合図と取ってしまった囚人はうかばれないだろう。

さて、それでは会話に代表される日常でのコミュニケーションというものは、そもそもどのような自然的特徴をもっているのだろうか。本書の中間的考察として、まず指摘しておきたいのは、日常の会話におけるわれわれの発話は、われわれの「伝えたい思い」をすべて表現してくれるものではなく、また逆に、われわれの「伝えたい思い」以上のものを相手に伝えてしまうという、ある意味では言い古された、そして誰もが日常的に実感している事態である。

しかし、こうしたことは、言語による表現の「限界」として（学術論文からラブソングの歌詞にいたるまでの広範なテクストにおいて）記述されることはあっても、コミュニケーションの常態として正面から問題にされることはなかったといってよい。すでにみたように、硬直したコードモデル、あるいは復元モデルを脱皮した関連性理論においてですら、先駆者であるグライスの衣鉢を継いで、発話者の「伝達意図」と「情報意図」の双方が受信者の推論によって「顕在化」するような事態がコミュニケーションの範型となっているのである。一般に伝達モデルにおいては、話者の意図が正確に相手に伝わらなかったということがコミュニケーションの失敗の典型例として記述されることが多い。あるいは、発話者の意図せざる情報が受信者によって顕在化されてしまうような事態は、もはやコミュニケーションならざるディスコミュニケーションでしかないとして考察の対象外にされてしまう傾向がある。

「意図」の問題は、いささか複雑になるので後に再度検討するとして、ここでは通常の「理論」によってはディスコミュニケーションとされてしまいがちな現象こそが、人間的コミュニケーションというものの可能性の条件を明瞭に示しているという逆説から議論を始めてみよう。

まず、通常の人間的コミュニケーションは、情報通信の用語を借りていうならば、その形式的側面において「全二重」(full duplex)な通信であるということを確認しておきたい。これはかんたんにいうならば、ひとつの回線を送信と受信をそのつど切り替えながら利用する「半二重」(half duplex)通信とは違って、受信と送信を同時に行いうる通信形態である。半二重通信は、送信が終わる度に受信モードに入るということを「以上」(over)といった表現で示して話者交替をする必要のあるトランシーバーでの通信をイメージすればよいだろう。全二重通信は、普通の電話での会話で行われていることである。本書のまえがきで触れた霊長類の毛づくろいに関連させるならば、ニホンザルのように二頭が交互に行う毛づくろいのような場合が半二重通信であり、チンパンジーのように、同時に毛づくろいをしたりされたりする場合が全二重通信であるとも言えよう。

では、この通信が全二重であるということによって何が可能になるのだろうか。端的にいえば、コミュニケーションの最中に「沈黙」と「同時発話」ができるようになるのである。しかし、この沈黙と同時発話こそは、ほとんどのコミュニケーション理論においてディスコミュニケーションの最たる例とされてきたのではないか。たしかに、同時に二人が話すことはコミュニケーションの障害であり、ほんの数秒の沈黙が耐え難い気まずさをうむということも日常的に実感されているだろう。しかしながら、普遍的であるともいわれる、発話の「順番取り」(turn-taking)の原則、すなわち片方が話し終わってから(時間をおかずに)もう一方が話し始めるという原則に違反して、二人の話者が同時に話すという現象(overlap)が頻繁におきるということ、そしてそれが逆に会話を自然なものにしているということが、最近の会話分析などの研究によ

って明らかになりつつある。(7)

また、多くの民族誌的記述においては、長い沈黙や重複発話が頻繁に発生し、それが少なくとも当事者たちにとっては不自然な状況ではないという例が報告されている。(8) 音声発話というものにとって当然の物理的条件でもある順番取りシステムへの会話分析による着目は、コミュニケーション研究を大きく前進させたといってよい。(9) しかし、その進歩は、これほどあたりまえの原則が何故にいとも簡単に、かつ頻繁に無視されるのかということへの注目によって達成されたともいえるのである。

さらに、通信回路が全二重であるということは、開きっぱなしになっている通信回路を三人以上の参与者が同時に利用できるということを可能にする。つまり、人間的コミュニケーションにおいてあたりまえのことである三人以上の参加者におけるコミュニケーションが、そこではできるのである。dialogue ならぬ polylogue の可能性こそが人間的コミュニケーションの最大の特徴であるともいえる。（もちろん、先のチンパンジーの多頭毛づくろいを polylogue の先駆と見ることも可能ではある。）しかるに、ほとんどのコミュニケーション理論においては、言語行為論にみられるような単数の発話の分析の段階を脱したとはいえ、いまだに双数の発話の交換、すなわち dialogue を主たる分析の対象にしているように思われる。たしかに、会話分析が明らかにしたように、順番取りシステムは、問／答や、挨拶／挨拶、要請／受諾などの「隣接ペア」(adjacency pair) という双数の発話の対を基本的な単位とする。しかし、実際の人間的コミュニケーションにおいて三人以上の参加者が存在している場合、次の発話のターンを誰が取るのかということを一意的に決定する規則が存在しているわけではない。また、ある発話が誰に対して向けられているのかがそれほどはっきりしていない場合も多いだろう[10]。さらに、ある発話が、誰に向けられているか、そして次話者が誰であるべきかをはっきり明示しているような場合、つまり「君、歳いくつだったたっけ？」といった発話においてさえ、それが二人だけの対面的相互行為の場で行われる場合と、その場に他に会話に参加しうる人間がいる場合では、発話の意味にある種の変化が発生するであろうことは容易に想像できる。(ある種の発話がハラスメントになってしまうのは、この変化に対する鈍感さも一因となっていよう。) 観客の存在の重要性といえるかもしれないが、その存在のありようは、発話者がそれを自らの認知環境において顕在化させており(要するに意識しており)、かつその人物もまた会話に参加する権利をもっているかぎりにおいて、たんなる観客のそれにとどまらないだろう。会話というものは、複数の参加者による社交という場面で行われるのである。

これまでの哲学的なコミュニケーション理論は、以上のような全二重通信としての日常的な対面的コミュニケーションのありかたに、十分な注意をはらってきたとはいえないように思われる。そこではコミュニケーションは、あたかもそれが半二重通信であるかのように分析されてきたのではないだろうか。もちろん、通信が全二重になるということは、コミュニケーションというもののありかたを爆発的に複雑化させる。このため、さしあたってはそれを半二重であるかのごとく扱うという方法が暗黙のうちに採用されたのだとみることもできるかもしれない。それによって達成された成果が無意味であるというつもりは毛頭ない。しかし、そのことによって見落とされたことが、人間的コミュニケーションというものにとってトリヴィアルなものではなく、そしてコミュニケーションの倫理学にとっても、その本質的な大前提に関わるものであるならば、考察の眼差しを大幅に変更する必要があるだろう。

第四章 コミュニケーションと意図の再現

――デリダと言語行為論

J・L・オースティンを嚆矢とする言語行為論は、オースティン自身はそう意図してはいなかったとはいえ、現代においてコミュニケーションを論ずる際には避けてとおることができないものとなっている。言語行為論がひとつの理論としてコミュニケーション研究に寄与するようになったのは、オースティンの議論をより体系的に展開したJ・サールの功績であろう。しかし、その体系化の過程で、サールはオースティンが少々曖昧にコンヴェンションとよんでいたものを明確に規則(rule)とよび変え、ウィトゲンシュタインの意味の使用規則説を換骨奪胎して言語行為論と結びつけた。そしてこの過程で言語行為論は、コードモデルと相似の伝達モデルとしての性格をあらわにすることになる(1)。

サールは、「音声行為」、「用語行為」、「意味行為」からなる「発語行為」(locutionary act)というオースティンのカテゴリーを捨て、「音声行為」、「用語行為」とならんで新たに「命題行為」(propositional act)というカテゴリーを用いる。これは、発語内の力をもつ「発語内行為」(illocutionary act）とは明確に区別された、指示や述語づけを行う行為であり、「意味行為」というオースティンの概念の曖昧さを払拭するために設定されたものである。つまり、サールによれば、発語内の力をもたない「命題行為」と「発語内行為」とが、発話者の意図に基づいて連結されることによって伝達されるべき意味が発生するのであり（サールはこれをF(p)という形式で表す。Fは発語内の力の機能表示装置を、pは命題表現を示す）、この連結において接着剤の役割をはたすのが慣習的な規則であるということになる。したがって、ここでは意味を伝達する「発語行為」と力を伝達する「発語内行為」という区別は不要になり、いかなる規則を適用するかについての意図（志向）を含めた発話者の意図（志向）のみが、伝達内容の決定の中核にすえられている。

ここでサールが、前に述べたコードモデル流のパラドックスに陥らないですむのは、ここでの規則の適用が、アメリカンフットボールにおけるタッチダウンの規則（敵陣のエンドゾーンにランまたはパスでボールをもちこめば、タッチダウンとなり、6点が与えられる）のような「構成的規則」（constitutive rule）の体系としての制度によって保証されていると考えることによる。しかし、この解決は、現実に「成功」しているとみなされているある種の（あるいはほとんどの）伝達的コミュニケーションの事実的説明となっているとしても、コミュニケーション一般の可能性の条件の提示としては多くの問題を残しているといわねばならない。

まず、構成的規則の体系としての制度という考えは、言語ゲームの諸規則の集合としての生活形式というウィトゲンシュタインの概念を思い出させるが、オースティンのコンヴェンション概念を規則とよび変えた場合にそうであったのと同様に、ウィトゲンシュタインの言語ゲーム概念がもっていたある種の微妙さ、特にウィトゲンシュタインの母語で表現された場合の'Sprachspiel'(言語―遊戯)がもつ精妙さが失われてしまうという点が指摘できよう。ウィトゲンシュタインの言語ゲームには一義的な目的など設定不能であり、だからこそ'Spiel'なのだともいえるが、サールが好んでとりあげる例は、チェスであったりフットボールであったり、勝利という敵味方双方に共有された一義的な目標(E・ゴフマン流にいえば「支配的かつ主要な関与」)の存在するゲームであった。そこでは真摯に勝利を追求しないプレイヤーは、当然のようにゲームそのものから排除されるであろう。勝利の追求という勝負決定型ゲームの暗黙の規則に違反することは、ある意味で「不誠実」なプレイヤーであり、サールのいう「誠実性規則」(sincerity rule)に違反することを意味する。しかるに、日常的なコミュニケーションの場合はどうだろうか。何事かを決定することが求められている会議の場合などを除いて、そこには一義的な目標や目的など存在していないことがほとんどである。そのようなコミュニケーションにおける「誠実性規則」とは、そもそも何なのであろうか。それに「違反」することは、われわれになにをもたらすのであろうか。

ここで、なぜ勝負決定型ゲームでは勝利の追求が暗黙の規則になっているかというあたりまえのようなことを少し考えてみよう。本質的な理由は、そうしなければゲームそのものがやっている当事者にとっても観客にとっても面白くなくなるから、すなわち本来面白いものであるはずのゲームとして成立しないからであろう。それでは、たとえば祖父が幼い孫とトランプゲームをしていて意図的に負けてやるという場合はどうであろうか。ここではゲームは本質的には成立しておらず、いわばゲームが擬似的に演じられているにすぎないともいえる。しかし、この場合でも孫は勝利追求のプロセスを楽しみ、祖父はまたそれとはまったく別の楽しみを得ているがゆえに、孫が少しく成長して祖父が「本気」あるいは「真面目」でないことにいらだつようになるまでは、トランプゲームは継続されるであろう。

これについては、双方が別の目的をもって別のゲームをしている、という記述をすることも可能であるかもしれない。勝負事としてのトランプゲームという点では「異常」であるかもしれないこの事態は、祖父と孫とのコミュニケーションとしては、横から見ているものにとっても、じつに微笑ましいものともなりうる。実際、成長した孫が「本気」でない祖父とのゲームに飽きるのは、祖父の「不誠実」そのものを嫌悪するというよりは、そうした「不誠実」がゲームを、ひいてはコミュニケーションを面白くなくするからであろう。この「面白さ」をサールは説明することができない。というよりも、コミュニケーションを伝達行為に限定してしまうサールにとっては、発話内行為の遂行が発話者の特定の心理状態の表現であるという、いわば伝達の条件としての「誠実性条件」について語るだけでよく、さらにその底にあってコミュニケーション一般を可能にしている条件については語る必要がないのであろう。

コミュニケーション一般の可能性の条件という点からするどく言語行為論を批判したのがデリダであり、そこから有名なデリダ＝サール論争が開始された。以下では、この論争をかんたんに紹介しておく。論争の口火となったのは、一九七一年のモントリオールでの国際フランス語圏哲学会議において口頭で発表され、翌年論文集『哲学の余白』に収録された「署名・出来事・コンテクスト」と題されたデリダの論文である。[2] この論文の主題がオースティンの『いかにして言葉を用いて事をなすか』(邦訳書名『言語と行為』)に対する本質的な批判であると読めたことから、オースティンの正統な後継者を自認するJ・サールが七七年に「差異の反復：デリダへの返答」という反論を『グリフ』誌の創刊号に発表する。[3] これに対してデリダは直ちに同誌第二号に「有限責任会社ａｂｃ」なる風変わりなタイトルと、サールの「返答」を全文引用するなど相当エキセントリックな文体をもつ返答をよせた。[4]

デリダのオースティン批判の要点は、オースティンが、その分析の出発点である言語行為におけるさまざまな「不適切性」(infelicity)の分類をする際に、「言語行為の全体への発話主体の意図(志向)の意識的現前」という、目的論的かつ倫理的な前提がまぎれこんでいるというものである。オースティンは、「(行為遂行的発話の慣習的な)手続きに参与する者は、それに応じた思考、感情、意図を実際にもたねばならない」という条項を、言語行為の適切性の条件のΓ(ガンマ)項としてあげる。これは、(その権利もない私が誰かに「あなたを学長に任命する」と言うといった場合とは異なって)言語行為そのものを不成立に終わらせるわけではないが、

「行為は言葉だけで実質がない」という点で言語行為の「濫用」(abuse)と定義づけられる発話、すなわち「不誠実」(insincerity)であるとの烙印をおされる類の発話(たとえば守るつもりのない約束)を「不適切性」の一般理論のなかで位置づけようとするものであった。しかるに、他の箇所でオースティンは、役者の台詞、詩の朗読、独り言などの言語行為を、「(当該の状況においては不適切ではないが)まじめではなく、通常の用法に寄生する仕方で使用されている」ものと規定し、当面の考察から排除するという。

この二種類の排除、すなわち不適切性の理論によって、たとえば「嘘」のような発話を排除することと、言語の「褪化」(etiolation)の理論とよばれるべきものによって別に扱われるべきであるという理由によって、役者の台詞などのような「通常」(normal)でない発話を、当面の考察からは排除することは、理論上は元来別のことがらであるはずである。にもかかわらず、「実質がない」(hollow)という語が両方の箇所で使用されている点にはしなくもあらわれているように、この二つの排除はそもそも同根の、オースティンの言語行為論全体の本質的な問題性に関わるものであるといわねばならない。

デリダが、自らのエクリチュールの理論によってこうした議論に異をさしはさむのはある意味で当然である。コミュニケーションをひとつの意味内容の伝達としてではなく、ひとつの力の伝達であるととらえるオースティンの画期的な議論であっても、やはり発話の意味(より正確には発話の力)の一義的な決定可能性を理想としている。そのためにオースティンもまた、コンテクスト(オースティン自身の用語としてはむしろ「状況」)を「余すところなく決定可能なもの」と考えざるをえない。しかるに、このコンテクストの決定の中核におかれているのは、発話者の意識的意図(志向)以外のなにものでもない。

これに対してデリダのエクリチュール論、より正確にはパロールとエクリチュールの通常の意味での区別に先立つ「原エクリチュール」の理論は、エクリチュールにおける受信者のさしあたっての、しかし本質的な「不在」を、したがって発信者と受信者によって形成されるはずのコンテクストの「不在」をまずもって強調する。そして、この理論によれば、そもそもの発信者の、さらにはあらゆる受信者の消滅後も当該の記号を原理的に読解可能なものとしている最小限の残余としての反復可能な能記形式が存在してさえいれば、あらゆる言語記号は、その「起源」から、すなわちそれが生産された所与のコンテクストから切断されて、新たな別のコンテクストへと「接ぎ木」されうるということ、これこそが一切の言語活動の可能性の条件に他ならないということになる。

だとすれば、オースティンが「発話原点」(utterance-origin)とよぶ、いかなる場合もコンテクストという座標系の決定の中心となる発話者の意識的意図が、言語行為の全体に現前していることへの要請は、発話の可能性の超越論的条件というよりは「目的論的かつ倫理的な規定」であるにすぎないことになろう。エクリチュールの場合はこの発話原点との結びつきが発信者の誠実性の証しとしての「署名」によってことさらに回復、強調される必要があるが、しかしこの「署名」こそは、それがそれとして機能しうるためには、当該の意図とは切り離されうる反復可能で模倣可能な形態をもっていなければならず、したがって、一回限りの意図と署名の結びつきよりもこの反復可能性こそがより本質的な条件を構成することになる。これが、デリダのオースティン批判の要点である。

これに対するサールの「反論」は、デリダの言う「反復可能性」は、言語表現の諸規則の適用という点では「当然のこと」でしかなく、それは「書き言葉と話し言葉の区別」とはまったく関係ないという指摘からはじまる。オースティンも、行為遂行的発話の慣習的な性格を強調することで、この反復可能性についての明確な見解を提出しているが、デリダがこれをことさらに中心概念とするのは、タイプとトークンの区別、さらに使用と言及の区別(こちらはデリダの口頭発表に続くシンポジウムでリクールによっても指摘されている)を理解していないからにすぎないというわけである。さらにこれと関連して、言語の「寄生的」使用の排除に関しては、一般理論の構築にあたって、虚構的でない言語使用に「論理的に依存」している一連の言語使用を「当面」の考察から除外したにすぎず、それをことさら問題にするのは、誤読か、ためにする批判であるにすぎないという趣旨の反論が続く。

デリダの「再反論」における計算されつくした「脱構築」的文体の楽しさ、あるいは苛立たしさを犠牲にしてパラフレーズする愚をおかすならば、キーワードは「超越論的」ということにならざるをえまい。一般にデリダはロゴス中心主義的な手垢のついた(と彼が考える)この語を著作においては使用することを注意深く避けているが（実際、この再反論でも一度も使用されてはいない）、サールがデリダを理解できない理由の大半は、脱構築的な「晦渋さ」などではなく、デリダの議論が本質的にもつ超越論哲学特有のカテゴリー、あるいは階型をとりちがえていることにあると思われるからである。例としては、言語使用の可能性の条件に関わるエクリチュールの理論を「書かれた言葉と話された言葉の相違」の問題へと平板化する点、エクリチュールにおける受信者の不在の根元的、本質的な（したがって超越論的な）「可能性」の主張を、事実的なコミュニケーションにおける受信者の「必然的な」不在という「あきらかに誤った」主張とのみとる点などをあげることができよう。

しかし、何よりも重要なのは、「反復可能性」（répétabilité）という、論争の焦点ともいえる概念に関しての両者の齟齬である。サールは、デリダが「反復を他性に結びつけるようなロジックの開発」のために、他を意味する'itara'というサンスクリット語のエティモロジーをもちだしてまで強調した「繰り返し可能性」（itérabilité）という語のもつ超越論的含意を、そもそも理解しようとはしない。つまり、この語によってデリダが、同一性と差異性、さらにいえば現前と不在の二項対立を超えた、意味の発生に関する超越論的な領域（この論争では登場しないが、これはまさしくデリダの根本概念である「差延」（différance）の示す問題領域にほかならない）をまずもって問題にし、「コミュニケーション」について語ることを、その概念的自明性への懐疑のゆえに慎重に留保しようとしているのに対して、サールは、同じものの反復、すなわち意味およびその発生起源としての規則の同一性を前提にしたうえで、まさに事実として明白に成立しているコミュニケーションについて直接論じようとしているのである。サールが得意げに語る使用と言及の区別やタイプとトークンの区別にしても、デリダにとっては、それを区別する、慣習的規則の超越論的な権利根拠こそがまずもって問われるべきであることになる。

したがって、「寄生的」な言語使用の問題に関しても、両者の対立を、「嘘をつくことは本当のことを言うことに論理的に依存している」とみる立場と、その依存関係を逆転させて「嘘をつくことができるということこそが本当のことを言うことの前提条件をなしている」という立場の平板な対立とみなすことは、なんとしても避けねばならない。デリダにとって問題なのは、そうした二項対立の超越論的根拠であり、さらには、それをなんらかの依存関係へと還元する「論理」であり「倫理」なのである。

本節を閉じるにあたってひとつだけつけ加えておきたいことがある。デリダの超越論的な議論が、「テロリスト的な晦渋主義」(フーコーがサールに語った私的な言葉としてサールが「引用」したもの(5))とまでいわれる背景には、好んで引用されるのがマラルメの難解な詩的言語であったり、ニーチェの意味不明の断片であったりすることや、半ばふざけたような地口が多用されたりすることがあるのかもしれない。そこから、なにかしら「異常」なもの、「例外」的なものを称揚する哲学者というイメージがうまれることにもなるのであろう。しかし、コミュニケーションの自然誌が教えるのは、実は、日常的場面であっても、デリダの描くコミュニケーションイメージの方が現実のコミュニケーションに近いことが多く、むしろサールやグライスらのコミュニケーションイメージにあてはまる方が例外的であるのかもしれないということなのだ。

たとえば、串田秀也が「盗まれ得るし、譲渡され得る会話の著作権」という観点から記述する、会話におけるユニゾンの可能性[6]や、菅原和孝が、ボツワナのサンにおける同時発話の会話分析をつうじて得た「語る権利を行使することと相手に聞く義務を課すことは別個」であるという洞察[7]、さらには木村大治がザイール(現コンゴ民主共和国)のボンガンドの調査において注目し、「受信者を特定しない投擲的発話」として分析したボナンゴの例[8]などは、「接ぎ木の可能性」や「受信者の不在」といったデリダの「難解」な概念のきわめて生き生きした例証となっているようにも思われるのである。それは、これらの実証的研究者たちが事例分析の過程でサールやグライスの「理論」に違和感をおぼえ、期せずしてコミュニケーションの非伝達的な側面に着目するようになったからでもあろう。

総じて伝達モデルは、伝達の、したがって意図であれ情報であれの復元の成功を基準とするために、ひとつの「倫理」を暗黙のうちに語ってしまっているといわねばならない。コミュニケーションの哲学は、少なくともさしあたっては、そのような特定の倫理から自由でありえるはずである。

補論　デリダと対話の哲学

いささか大仰な言い方になるが、一般に西洋思想史の伝統においては、コミュニケーションをなんらかの伝達行為とのみ考えることはむしろまれであった。そこではつねに、たんなる伝達以上のものが追求されていたといってよい。たとえば、先にも述べたプラトン描くところのソクラテスの産婆術的問答法、あるいはそれへのプラトンによるイデアの想起説の密輸入に抗してアイロニカーとしてのソクラテスを称揚するキルケゴール。これらは、コミュニケーションを真理探究のひとつの(あるいは唯一の)重要な手段として、すなわちディアロゴスとしての対話として規定しようとしたものである。他にも、ブーバーの「我と汝」の対話主義から、誤解を恐れずにいえば精神分析的な対話にいたるまで枚挙にいとまがない。この伝統においては、孤独な思索者の反省的思弁ですら、自己との内的な対話というように表現されることになる。

さて、言語すなわちロゴスを用いた真理探究としての対話(ディアロゴス)というこの伝統に、前世紀に新たな一ページをつけ加えたのがガダマーの哲学的解釈学であることには異論はないであろう。ここでこうした伝統的な西洋哲学における対話の概念をもちだすことは、現在のコミュニケーション研究にとってはいささか唐突であるかもしれない。しかし、そこに意図や意味の伝達に一元的に定位したコミュニケーション理論をこえてゆく可能性があるとするならば、これに一瞥を加えておくこともあながち無意味ではあるまい。

ガダマーによれば、理解されうる存在は言語であり、理解とはさしあたり合意のことである。これは、語り伝えられたテクストすなわち伝承の解釈が、言語を介した伝承の語りかけとの対話におけるとりあえずの合意であることを意味する。ガダマー本来の課題であるテクスト解釈そのものについては措くとして、ここで解釈が対話というコミュニケーションモデルによって語られているという点に注目しよう。解釈は、元の作者の意図やメッセージのたんなる復元(あるいはこういってよければ「再現前化」)ではなく、流動的な意味生起の「遊戯」(Spiel)の場である。(9) この魅力的な表現は、解釈が「問いと答えの弁証法」であり、古来の修辞学における全体と部分の相互往還的な循環運動のなかではたされる営為であることを示している。より具体的にいえば、過去の意味地平としての伝統と現在の意味地平である先入見が地平融合しあうなかで拡大された地平において、合意としての解釈が成立するのである。

この解釈学的モデルをコミュニケーション一般の理論としてみた場合、固定したコードや規則の共有ということを前提にした伝達モデルと比べて、よりダイナミックなコミュニケーションのプロセスを提供してくれるであろうことは十分期待できよう。なかでも地平融合という発想は、コミュニケーションの場における新たなコンテクストの相互的な創出という、コードモデルなどの伝達モデルが扱いえなかった領域を開いてくれるといってよい。

しかし、ここでもデリダによる批判が待ち受けている。論争の発端は一九八一年四月にパリで行われたガダマーの「解釈学的挑戦」と題された講演であり、翌日デリダがガダマーにぶつ

けた短いが鋭い質問であった。(10)

ガダマーの講演は明らかにデリダを意識したものであった。「著者以上にその著作を理解する」というシュライエルマッハーのテーゼを引くまでもなく、発話原点としての発話者ないしは著者の意図に意味の同一性と起源とを求めるという言語行為論的な発想を解釈学はそもそもとらない。ガダマーにおいても、言語の対話的性質、すなわち話し手によって意味が意図(志向)された出発点からはるかに離れてゆくという言語の根本性質を強調し、個々のテクストの意味の内的な未完結性を主張する点、さらにはテクストの意味の伝達がコードや規則といったものの存在に依存するとは決して考えない点、などからすれば、言語行為論者などよりはるかにデリダへの親近性をみてとることもできよう。しかしながら、そうした対話的共同性の強調によって解釈学が自らの普遍性を標榜するならば、デリダはこれを看過するわけにはいかない。すでにサールとの論争のもとになったあの「署名・出来事・コンテクスト」において、デリダは繰り返し解釈学との対決をほのめかしていたのである。

デリダの質問は三つの部分からなる。第一の質問は、ガダマーが依拠する対話概念のなかには、善意志に訴えること、すなわち対話におけるコンセンサスへの欲望を最終的な絶対的公準とすることが含まれているが、この、あらゆる価値評価の基準であるがゆえに一切の倫理の彼岸にあるとさえいえる公準について語ることは、意志こそを最終的な審級とする、あの意志の形而上学へとわれわれをつれもどすことになりはしないか、という問いである。第二の質問は、ガダマーが精神分析的な解釈学を一般解釈学に統合しようとするとき、この善意志なる概念はいかなる位置を占めるのかという点を問う。つまり、精神分析が、合意に基づいた相互了解の断絶を出発点として解釈作業をおこなうさいに、当初は首尾一貫していなかった解釈のコンテクストないしは連関を対話に基づいて連続的に拡大して斉合性へと至らしめることが肝要であるとガダマーは考えているようだが、そこではむしろコンテクストの、そしてコンテクストという概念そのものの切断(rupture)、ないしは非連続的再構造化が要求されているのではないかというものである。第三の質問は、この問題をさらに一般化する。つまり、ガダマーの解釈学においては、相互理解、他者理解といったことがらにとっての一般的条件は、善意志によって導かれる連関ないしはコンテクストの連続性にあるとされるが、むしろそうした連関の断絶、断絶という連関こそが理解の条件であるのではないかという問いである。

おそらくは原稿などなしに即興で行われたデリダのこの質問、しかし以前からのガダマーの解釈学への疑念を直接講演を聴くことによって再確認したにすぎないと思われるこの質問のキーワードは、コンテクストの連続性と断絶であり、ここに本章で概観したサールとの論争との興味深い一致をみることができる。要は、オースティンの適切性の理論における倫理的(あるいはこういってよければ原倫理的、超倫理的)言説、すなわち、全体的コンテクストの決定という要請から帰結する、コンテクスト全体の自己自身への現前という目的論的規定をノーマルな言語行為の成立の条件であるかのようにみせる言説と、普遍性を標榜するガダマーの哲学的解釈学における、テクストとの真摯で終わることのない対話によってひきおこされる地平融合という名のコンテクストの拡大を要請する言説とに共通する目的論が、デリダによって指摘されたといってよい。

これに対するガダマーの返答は、他者を理解したい、他者から理解されたいという欲望に基づく努力は、もはや「倫理」とは関わりをもたないものであって（なぜなら非道徳的な人間であっても理解し合うための努力をする）、「善意志」なるものも、合意を求める永続的対話の前提条件であり、それは一切の形而上学の手前にあるものだ、というものである。デリダがエクリチュールに関して主張する「切断」に関しても、芸術作品を例にして、既存のものとの断絶を要求する衝撃とならんで、理解という受容の側面も重要であることが解釈学の立場からあらためて強調されるにとどまり、この概念のもつ超越論的な含意には踏みこんではいない。

ここにみられるのも、穏当なコミュニケーション理論とラディカルな超越論的理論の間の相違、あるいはこういってよければ解釈学における「多義性」概念とデリダの「散種」(dissémination)概念の相違、であろう。デリダの議論は、ある意味では超越論哲学の極北を示している。コミュニケーションに関する超越論哲学がコミュニケーション一般の可能性の条件を問うとするならば、デリダはさらにコミュニケーションという概念の成立そのものを問い質すのである。つまり、意味のイデア性ということが反復可能性を保証し、それがテクストとの対話、あるいは事象的に一貫した解釈を可能たらしめると考えるのではなく、逆に一切のレフェランから切断された、したがってそれ自身だけでは意味をもたないマーク(marque)の反復可能性こそが意味の発生根拠だというのだ。そして、そこからする意味の種のばらまきこそがデリダのいう「散種」に他ならない。

ガダマーの考えるありうべきコミュニケーションとは、そのつどの先入見のみならず、おのれのよって立つ基盤をも震撼させるような解釈学的対話であり、この対話的経験の本質は痛みをもともなった否定性にこそあった[11]。しかし、たとえガダマーが、そうした経験の契機として「他性」をもちだそうとも、それは結局、無限な対話の可能性の条件であるとともに目的論的概念でもある意味のイデア性を前提にしたものでしかない。そこにおける多義性は、地平融合の結果としての合意によってさしあたっての一義性へと還元される。しかも、この地平融合を導くものが「事象それ自身」であるとするならば、そしてそれが最終的には「より高次の普遍性」へと回収されてゆくプロセスにすぎないとすれば[12]、形而上学的真理論としてはともかく、コミュニケーションの一般理論としての限界は明らかである。新たな解釈、新たな挑戦に対して開かれてあるとはいうものの、それがより強くより巨大なレフェランへの回収でしかないならば、解釈というものも、福音という名の一種の大きな伝達を受け取ることでしかなくなるであろう。

M・フランクが指摘するように、コードモデル(フランクはこれの代表者としてサールをあげる)にせよ地平融合モデルにせよ、発話の意味の決定不可能性と予測不可能性とを見逃しているという点では同じである[13]。後述するように、意味の発生がコミュニケーションの外部に由来するのではなく、まさしくコミュニケーションそのものの内部においてはじめて意味が発生するということ、つまり意味創造の場としてのコミュニケーションということが肝要なのである。

第五章 デイヴィドソンと言語

本章では、本書の問題意識からみてのことではあるが、哲学の領域において、もっともコミュニケーションというものの実相に近い議論を展開していると思われるD・デイヴィドソンの議論を検討することにする。デイヴィドソンの「墓碑銘のすてきな乱れ」(A Nice Derangement of Epitaphs)という奇妙なタイトルの論文は、本書が求めてきた会話の基礎理論として、おそらくは現在のところはもっとも有効な視点を提供してくれるものであるように思われるのである。このタイトルは、R・B・シェリダンの喜劇『恋敵』(*The Rivals*)の登場人物であるマラプロップ夫人が頻繁に行う言い間違いの一例によっている。そこで彼女は「あだ名を上手につけること」(nice arrangement of epithets)と言うべきところを、「墓碑銘を上手に乱すこと」(nice derangement of epitaphs)と言ってしまった。「言い間違い」を意味する英語の'malapropism'という単語も、これに由来している。デイヴィドソンは、まずこうした「言い間違い」が、「遍在している」(ubiquitous)ということを指摘したうえで、それにもかかわらずわれわれのコミュニ

ケーションがなぜ円滑に進むのか、あるいはそれがなぜ瞬時に「正しく」理解されるのかということを問題にしている。(1)

ここでのデイヴィドソンの議論を理解するためには、まず少々遠回りして、論文集『真理と解釈』において展開された「根元的解釈」(radical interpretation)と「善意解釈(寛容、寛大)の原理」(principle of charity)の議論に言及しておかねばならないだろう。師であるクワインの理論を批判的に継承したことで知られるこの議論をかんたんに説明すれば、以下のようになる。相手の発話を理解する際に要求されるのは、相手の信念と相手の発話の言語的意味であるが、この信念と意味の間には相互依存関係があり、したがって理解の際に信念の理解と言語の理解の間に循環が発生する可能性がある。しかし、現実にはそのような循環が問題になることはない。だとすれば、そこでは何が行われているのだろうか。デイヴィドソンは、フィールド言語学者が、まったく未知の言語(正確に言えば言語であるかどうかすら不明のもの)を使用する相手に出会ったとき(これは、本書で問題にしてきた「コードの共有」がまったくない場合であるともいえる)に、相手を理解しようとするかぎりにおいてわれわれが必然的にもたねばならない態度があるとする。それは、相手の話していることが「真」であると考える態度である。これが「善意解釈の原理」とよばれる。

善意は可能な選択肢のひとつではなく、有効な理論を獲得するための条件である。したがって、これを認めるならば大きな誤りを犯すことになるかもしれないと考えるのは無意味である。真とみなされた文相互の対応関係を確立しえていないうちは、誤りを犯すということすらありえないのである。善意はわれわれに強いられているのだ。他者を理解したいのであれば、われわれは好むと好まざるとに関わらず、ほとんどの部分において他者が正しいと考えざるをえない(2)。

ここでのデイヴィドソンの「理論」という語の使用法には少々注意が必要である。たとえば「山田さんの一家は不幸のズンドコに落とし込まれた」という文(正確に言えば、文であるかどうかすら不明な音声)が発話された場合を考えてみよう。デイヴィドソンの真理条件的意味論においては、聞き手はここから「「山田さんの一家は不幸のズンドコに落とし込まれた」が真であるのは、山田さんの一家が不幸のズンドコに落とし込まれた場合かつその場合に限る」というT-文を生成することができる。聞き手がこのT-文を生成できるということは、いう、いわゆるT-文を生成することができる。この文の真理条件を満たすような知識の体系、しかも再帰的に利用され、同様のT-文を無限に産出しうるような体系が存在していることを聞き手が想定しうるということである(ここでの「知識」が、「言語」に関する知識に限定されないということには注意が必要である)。デイヴィドソンにおいては、この知識の体系が、意味の「理論」なのである。

さて、聞き手は、発話された「zun'doko」が(いわゆる「文字通り」に)「ズンドコ」を意味すると解釈すべきだとする「理論」を、この発話を聞く前にはもっていたかもしれない。これを聞き手にとっての「事前理論」(prior theory)とよぶ。しかし、発話を聞いた瞬間に、この理論の適用が解釈に不整合や齟齬をもたらすことがわかったとするならば、そこで理論の改訂が行われる必要がある。そこで作成されるのが「即時(当座)理論」(passing theory)とよばれるものであり、それは、この場合には「zun'doko」は日本語の「どん底」と解釈されるべきであるという理論、つまり「「山田さんの一家は不幸のズンドコに落とし込まれた」が真であるのは、山田さんの一家が不幸のどん底に落とし込まれた場合かつその場合に限る」というT-文を生成する理論であるかもしれない。そして、もしこの即時理論が発話者のもっている理論と幸運にも「一致」(より正確には必要な程度に「近似」)していったとするならば、そのプロセスこそがコミュニケーションである。「根元的解釈」という発想からすれば、「事前理論」の一致ということは、現実には特殊な条件のもとで「ありえる」ことだとしても、原理的に要請されるものではない。コミュニケーションとは、話し手と聞き手双方の「即時理論」が、そのつどの発話をリソースのひとつとしながら改訂されることを通じて近似化されていくプロセスに他ならないのである。

さて、このようなデイヴィドソンの説が、本稿にとってもつ意義はどこにあるのだろうか。それがコードの事前の共有を前提にするコードモデルのようなものでないことは明白である。また、「事前理論」は、話し手と聞き手にとっての事前の「認知環境」であり、それが話し手の発話をリソースとして改変されることによって、新たな「即時理論」がうみだされるというように考えれば、先に第三章で扱ったスペルベルとウィルソンの「関連性理論」との類似点を見いだすこともできるかもしれない。そうすると論点は、この理論が、コミュニケーションにおける「規則」と「意図」という、先に未解決であった問題を、どのように解決しているかという点にあることになろう。

まず、規則という問題に関しては、デイヴィドソンの見解は明確である。それは、とりわけ論文「コミュニケーションと規約」の結論において示されるように、「言語的コミュニケーションは、規則に支配された反復を、きわめて頻繁に利用しはするが、要求はしない」という主張である[3]。

しかしここで、彼のいう「理論」、すなわち、文の真理条件を満たし、かつ再帰的に利用されうる知識の体系は、それがそこから無限のT-文を産出しうるかぎりにおいて、やはりひとつの「規則」の体系であるのではないのかという疑問が出るかもしれない。たとえば、ある特定の人物Aが、仮に「ゴーリキーの『ズンドコ』は、すぐれた戯曲だ」という発話をした場合、聞き手は、もしAが過去に「山田さんの一家は不幸のズンドコに落とし込まれた」という発話をしたのを聞いたことがあったならば、「Aの言う「ズンドコ」は、日本語における「どん底」を意味する」という事前に獲得された規則を適用することによって、その発話を理解するのだと言いたくなるかもしれない。

デイヴィドソンならば、この疑問に、その規則がコミュニケーションにとって「事後の」利用を可能にする限りにおいてはそうであるかもしれないが、当該のコミュニケーションにとって、その規則が必ず「前もって」存在していなければならないものではないし、まして「発話者Aの言う「ズンドコ」は、いつでもどこでも日本語における「どん底」を意味する」ということが、発話者と聞き手の双方に共有されていることを必要とはしない、というように答えるであろう。デイヴィドソンが否定するのは、「話し手あるいは解釈者の体系的な知識や能力は、解釈の遂行に先立って学習されており、その意味で規約(convention)という性質をもっている」という前提なのである。つまり、「発話者Aが、今ここで言う「ズンドコ」は、日本語における「どん底」を意味する」という解釈を成立させる即時理論は、「ゴーリキーの『ズンドコ』は、すぐれた戯曲だ」という当該の発話を聞く前に、同じ発話者による「山田さんの一家は不幸のズンドコに落とし込まれた」という発話を聞いたことがあるならば、より容易に獲得されるものであるかもしれない。しかし、それは必然的な要請ではないのだ。

また、サールの(さらにはハーバーマスの)考える「誠実性規則」のようなものはどうだろうか。デイヴィドソンは、舞台の上での役者の「火事だ！」という発話について論じている。これが台本に書かれた台詞であった場合、言語行為論は、これを「通常の字義通りの発話に寄生するもの」として処理していた。そこでは、役者の発話は、役者がほんとうにそう思っていないがゆえに「不誠実」な発話として分類される。

しかし、G・フレーゲが正しくみてとったように、自然言語のなかには、その機能がただ何かを主張することであるような言葉や記号、つまり「主張記号」のようなものは存在していない。たとえば、客席からは見えない劇場の後方が本当に火事になっており、役者は舞台の上から観客に警告を発しようとしていたとする。だが、彼は重大な困難に直面することになるだろう。デイヴィドソンは、この役者が直面する困難は、われわれがコミュニケーションをしているときに少なくとも原理的には直面しているはずの困難であると考える。つまり、発話が「誠実」であるということを保証してくれるような規約は存在していないのである。「嘘つき！」、「いやほんとにほんとだよ！」、「嘘！！」という言語的コミュニケーションが、言語的コミュニケーションであるかぎりにおいて原理的に永遠に続くといった事例を考えれば、理解しやすいかもしれない。実際、言語行為論における規則のカテゴリーを、コミュニケーションにおいて、われわれが必然的にかかげる「普遍的妥当要求」(universaler Geltungsanspruch)という概念へと転換させたハーバーマスの理論においても、妥当要求のひとつである「誠実性要求」(Wahrhaftigkeitsanspruch)は、「意思疎通性要求」や「真理性要求」、「正当性要求」といった他の妥当要求とは異なり、コミュニケーションの内部においてはその妥当性を判定することはできないものとされていた(4)。

またデイヴィドソン自身の問題意識とは離れた蛇足を付け加えるならば、こうした問題系は、いわゆる語用論的な規則のほとんどが道徳的規則でしかないのではないかという疑念、あるいはこう言ってよければ、多くの語用論的規則の研究が、そのなかに一定の「倫理」を密輸入しているのではないかという疑念とつながるかもしれない。事実、たとえば、第一章で触れたように、ブラウンとレヴィンソンによる語用論的研究のひとつである「ていねいさ」(politeness)の研究の成果は、冗談ではなく、特定の文化のなかで過ごすための「マナーブック」として利用することができる。[5] またこの書における極めて詳細な記述は、規約(規則)概念に依拠してコミュニケーションを考えたならば、規約(規則)の数のインフレとでもよぶべき事態に陥らざるをえないというアポリアの証左ともなっているように思われる。

では、「意図」の問題はどうなるであろうか。「意図」は、デイヴィドソンの初期の行為論以来の中心概念のひとつであるだけに、よりいっそう慎重な考察が要求されるであろう。次のような言明がある。

> 話し手にとっての事前理論は、解釈者の事前理論が何であると彼が信じているかということであるが、話し手の即時理論は、彼が解釈者に使わせるように意図している理論である。[6]
>
> 話し手は、自分の言葉を聞き手が解釈するとき、話し手が意図している仕方で聞き手が解釈してくれるということを意図していなければならない。そして話し手は、彼が意図しているとおりに聞き手が彼を解釈することに成功するだろう、と信じる適切な理由をもっ

ていなければならない。話し手と聞き手の双方は、話し手がこうした意図をもって話していると信じていなければならない(7)。

もし、双方の即時理論の「一致」がコミュニケーションの「成功」であるならば、デイヴィドソンのこの言明は、そのコミュニケーション理論が、スペルベルとウィルソンの場合と同様の「発話者の意図の再現(伝達)モデル」でしかないのではないかという疑いをいだかせるのに十分である。第三章でスペルベルとウィルソンに対して述べた批判がデイヴィドソンにもあてはまるとするならば、それが、たとえコードモデル、あるいは規則(規約)モデルがもっていた硬直したコミュニケーション観を脱して、よりダイナミックなモデルを提供しているようにみえても、いまだ「われわれが実際に会話の場面でやっていること」の説明としては不十分であり、伝達モデルを脱したコミュニケーションの基礎理論とはなりえないのではないかとも思われる。

以下では、即時理論の一致ということが、かならずしも話者の意図の聞き手による再現ということを意味せず、さらにはその一致さえ、コミュニケーションの「成立」にとって必然的ではないという解釈を提示することで、デイヴィドソンの見解を救出することを試みたい。

まず、デイヴィドソンにとっては、即時理論の漸近的接近のプロセスそのものがコミュニケーションなのであって、その一致がコミュニケーションの成功であるのではないということを確認しておかねばならない。つまり、たしかに発話者の「意図」というものは、その存在が聞き手にとって必然的に想定されるものであるとしても、コミュニケーションの遂行において実際に存在している必要はないのではないか。もちろん、「君の意図は、かくかくしかじかのものであろう」という「解釈」が明示的にせよ暗示的にせよ提示された場合には、この「意図」は顕在化される。しかし、それは原理的にはオリジナルなき「再現」とでもよべるものでしかなく、発話者の実際の「意図」（仮にそのようなものがあったとして）とはまったく異なるものであるかもしれない。そこにおける「不一致」をある種の「失敗」ということは可能であろう。しかし、それは少なくともコミュニケーションの失敗なのではない。

たとえば、何気ない（つまり、意図らしき意図が当人にとって意識されていない）発話やしぐさであっても、聞き手がその意味を「解釈」したいと思うならば、たしかに発話者の意図というものの存在を想定せざるをえないだろう。それはさしあたっては聞き手の事前理論によって想定されるものであり、解釈が不可能な場合はただちに別の即時理論の生成が要求される。しかし、聞き手はその「解釈」を明示的な仕方で表現することはなく、ただ以降のコミュニケーションを続けるにあたってのリソースとして利用するだけであるかもしれない（そして多くの場合そうであろう）。逆に、あからさまな意図の追及は、コミュニケーションを、少なくとも会話の流れを阻害することもある。「不幸のズンドコ」という表現は、「発話者一流のユーモアの発露」とみる解釈から「発話者が（事故によって不幸に陥った一家という）事態の重大性を認識していないことからくる不謹慎な表現」という非難まで、さまざまな追及の可能性をもつ。

精神分析家ならば、この「言い間違い」を喜々として無意識の存在に結びつけて解釈するだろう。もちろん、そうした追及が必要な場合もあることは確かである。[8] しかし、その必要は、少なくともコミュニケーション、あるいは会話にとっての必要であるのではない。会話にとって必要であるのは、発話者の「本当の意図」が何であれ、ただ「『山田さんの一家は不幸のズンドコに落とし込まれた』が真であるのは、山田さんの一家が不幸のどん底に落とし込まれた場合かつその場合に限る」というT-文を生成する即時理論だけなのである。

もちろん、「不一致」に起因する齟齬が、そのまま現実のコミュニケーションにとっての齟齬になる場合がないわけではない。しばしば、そうしたことこそがディスコミュニケーションであると記述されてきもした。しかし即時理論の一致ということを、発話者の意図の復元の成功とみなし、それをコミュニケーションの「成功」とすることは、それを外部的な観察者（あるいは全能の神）の視点から措定されたコミュニケーションのゴールとするフィクションであるにすぎず、そもそもデイヴィドソンが主張していることとは異なるのではないかと思われる。なにが完全な「一致」であるのかを問うことそのものが、デイヴィドソンが言う「個々の発話がもつ、複数の意図の、〈ために〉(in order to)連鎖」ということを考えるならば法外な要求でしかないのではないだろうか。[9] デイヴィドソン自身も、次のように述べている。

しかし、〔善意解釈の原理について論じた初期の論文において述べた〕不一致を最小化する、ないし一致を最大化するという表現は混乱した理想である。解釈が目指すのは一致ではなく理解である。私の論点はつねに、理解は、適切な種類の一致へと向かう仕方で解釈することによってのみ確保されうる、というものであった。しかしながら、「適切な種類」なるものを特定することは、何が特定の信念を保持する適切な理由を構成するのかを述べることよりたやすいわけではけっしてない[10]。

以上のことから、デイヴィドソンの理論においては、コミュニケーションというものが、発話者の意図の聞き手による再現とされていると考える必要はないように思われる。つまり、彼の理論では、言語行為論や関連性理論に代表されるコミュニケーションの「意図の伝達モデル」がもっていた、「発話者の意図の特権性」のようなことが主張されているのではないのである。そこで述べられているのは、ゴールとしての「成功」という外部的観点から示されるコミュニケーションの合理的説明ではなく、われわれが会話を基底とするコミュニケーションというものを、日常においてたいていは「結構うまくやっている」(doing very well)、あるいは「うまくやりおおせている」(getting away with it)というありふれた事実についての透徹した記述であった。それは、われわれのコミュニケーションというものが、原理的にはクリプキ流の「暗闇の中での跳躍」であるにせよ、とにもかくにも可能であるということの、さしあたってはもっとも有効な説明であるように思われる。このことの確認をもって、本章のさしあたっての結論とせざるをえないが、「コミュニケーションの倫理学」にいたる迂遠な道の次なる段階が、「うまくやっている」ということが基づいている、ある種の「限定合理性」(bounded rationality)をどのように理解するべきかという課題にあることだけを示唆しておく。(11)

もちろん、デイヴィドソンのこの理論に対しては批判も多い。たとえば、I・ハッキングは、デイヴィドソンにおいては発話者と解釈者の二人だけが必要とされているが、正誤ということが問題になる場合には二人だけでは不十分であり、この点でデイヴィドソンは、「独我論者」(solipsist)ならぬ「独双論者」(duetist)でしかないと批判する。(12) 同様の批判は、J・マクダウェルによってもなされており、そこではデイヴィドソンにとっての社会とは「我－汝」(I－thou)社会でしかなく、実際の「我－我々」(I－we)社会の本質を見損なっているとされる。(13)

こうした批判は、一般に「規約主義」(conventionalism)とよばれる立場からの批判であるが、その淵源を求めるならば、ウィトゲンシュタインの私的言語の不可能性に関する議論の解釈問題にたどりつくであろう。デイヴィドソン自身のその点からの反論もないわけではない。(14) しかしここでは、その煩雑な議論に深く立ち入ることはせず、本書ならではの応答を試みてみたい。(15)

端的にいうならば、規約主義者たちの議論は、すでに論じてきた共有知識のパラドックスを甘くみているのではないかということである。デイヴィドソン自身は「共有知識のパラドックス」という概念そのものを使用しているわけではないが、彼の問いは、共有知識の存在の手前にある、コミュニケーションの可能性の条件に向けられていたのであった。つまり(言語)共同体の存在を前提にする規約主義者たちとは異なり、まさに(言語)共同体の成立の可能性の条件を追求することこそがデイヴィドソンの「超越論的」な問題意識だったと言えるのではないだろうか。

たしかに、「ズンドコ」を「どん底」へと読み替える手続きが瞬時に可能であったのは、この二つの単語が同じ日本語であって音韻的に似ているからであり、その意味では日本語という言語の存在を前提にしているのかもしれない。しかし、従業員に英語話者しかいないレストランで、〝r〟と〝l〟の発音の区別が苦手な日本語話者が'lice'を注文しても絶対に「シラミ」が出てくることはありえないというきわめてあたりまえの事実は、そこでの解釈のリソースとして利用されるのが英語という言語の存在だけではなく、レストランという場面の存在でもあったことによるであろう。先に触れたスペルベルとウィルソン風に言うならば、聞き手の認知環境を構成するものは、すべてが(話し手の身体動作を含めて)言語的知識と同様に利用可能なのである。これは、先に引用した「言語的コミュニケーションは、規則に支配された反復を、きわめて頻繁に利用しはするが、要求はしない」という文言を、共同体において共有された言語的規則は、コミュニケーションにおいて利用可能な最大のリソースであるかもしれないが、唯一無二の必要なリソースではない、と読み替えることで理解できよう。有名な「もし言語というものが、多くの哲学者や言語学者が考えてきたようなものであるとすれば、言語などというものは存在しない」という奇妙な文章も同様に解釈されるべきであろう(16)。

第二部

社交の倫理学

第六章　社交の思想家たち

第一部では、これまでのコミュニケーションに関する哲学の多くが、おしゃべりや会話に代表される日常的コミュニケーションに対する十分な考察をなしてこなかったことを指摘した。それは一言でいえば、哲学におけるほとんどのコミュニケーション理論が、会議における議論や学者間の討論のようなもの、とりわけ二者間のそれを、コミュニケーションというものの典型的な例、あるいはひな形としていたことに起因する欠陥である。しかし、合意形成や真理探究といった外的な目的をもつコミュニケーションではなく、コミュニケーションをすることそのものを目的にしているような日常会話に対する注目をしている論者がまったくいないわけではない。本章では、そのなかからG・ジンメルとB・マリノフスキー、M・オークショットの論考に着目し、彼らによって提示されたコミュニケーションのモデルを、社交と会話の「自己目的性」と「基底性」という観点から考察することにしたい。

1　ジンメルと「社交」

ジンメルは、その晩年の著作であり自らの思索の集大成でもある『社会学の根本問題』の第三章「社交」(Geselligkeit)にサブタイトルとして「純粋社会学即ち形式社会学の一例」をつけている(1)。ジンメルは、社会を個人の「相互行為」(Wechselwirkung)として規定した後に、その最も純粋な形式として「社交」を挙げる。では、それはいかなる意味において「純粋」であるのか。社会において人間は、さまざまの実践的な目的(内容)をもって結合するが、「社交はその純粋な形態においては、いかなる具体的な目的も内容も、さらには社交の瞬間そのものの外部にある結果ももたない」というのが、さしあたっての理由である。つまり相互行為そのものを自己目的とするような関係、関係そのものを楽しむ関係といったことが社交の本質にあるのだ。ジンメルによれば、こうした社交を空虚な愚行であるとしてきたのは「浅薄な合理主義」であるにすぎない。これまではその外的な内容によって意味を獲得するとされてきた相互行為の諸形式は、自己目的性を本質とする社交においては、すべての人間の共通性を担うものとしての「会話」(Gespräch)によって維持される。

人々は、実生活では、彼らが互いに伝えようとし、互いに判らせようとする内容のために話すが、社交では話すことが自己目的になる。といっても饒舌(Geschwätz)というような自然的意味ではなく、歓談(Sich-Unterhalten)を楽しむ技芸(Kunst)という意味においてであり、それには独自の技芸的な法則がある。純粋社交的な会話では、話の内容は、話そのものの活発な交換が生む魅力の、不可欠の運び手であるにすぎない(2)。

会話においては、その内容、すなわち話題、トピックは手段であるにすぎず、容易にかつ頻繁に変更されることがある。そこにおいては、内容によって形式が規定されるのではなく、むしろ形式が内容を規定する。こうした形式の優越性を、ジンメルは「遊戯形式」(Spielform)とよんでいる。それが「遊戯」であるというのは以下のような理由からである。

この遊戯が単なる形式における満足を得るためには、内容はいかなる固有の価値ももってはならない。つまり、論議が実質的となるやいなや、それはもう社交的ではなくなる。真理の究明が論議の目的になるやいなや、論議はその目的の論点を中心とするようになる。それによって議論は、真剣な論争へ先鋭化するとともに、社交的な性格を破壊する(3)。

このジンメルの理論については、山崎正和が、日本における社交論の白眉である『社交する人間――ホモ・ソシアビリス』において、詳細な論評をおこなっている(4)。山崎は、ジンメルの功績として、社交を人間性の本質的で必然的な顕現として説明したことを評価しつつも、独自の観点から厳しい批判もつけくわえている。それによれば、ジンメルは形式と内容の区別にこだわるあまり、形式と内容の不可分性を十分に捉えられず、結果として現実の社交という現象も、それと対極にある「功利的」行動も十分に説明できてはいない。ジンメルは、功利的行動の上位に理想化された社交的行動をおきたい衝動にかられるあまり、社交の現実にあわない過度の抽象化を犯している。この批判は、ジンメルの社交論を社交という日常的現象の社会学的分析としてのみみた場合には首肯しうる点もおおいにある。しかし、さらに哲学的な考察を加えるならば、山崎とは別にジンメル社交論の意義をみてとることができると思われる。

ジンメルは、単純に「社交」や「会話」というものを称揚しようとしているにすぎないのではない。彼自身も指摘するように、現実の社交が実生活からのたんなる逃避となって形骸化し、そこでの会話が活気のない図式主義的なものになることは往々にしてある。ここでは、ジンメルがその学問的営為をカント研究から出発させていたという忘れられがちな事実に注目してみよう。そうすると、会話を中心とした社交が「純粋」あるいは「形式」という語のもとに語られていることの意味が際立ってくる。

いうまでもなく、カントにおいては「形式」や「純粋」は超越論哲学のありかたを示す概念であった。もちろん認識一般の可能性のアプリオリな条件を問うカントと「社会学者」ジンメルとの間には大きな懸隔もあろう。しかし、北川東子も指摘するように、ジンメルは初期のみならず終生にわたってカントの「形式主義」から多くの影響を受けており、自身の「形式」概念もそれの吟味の産物であることは確かである。[5] そうであるならば、ジンメルその人は使用しなかった語ではあるが、その社交概念を超越論的観点からみることはあながち間違いであるとは言えないであろう。つまり、会話において現れる社交の純粋な諸形式は、相互行為における内容を一切捨象した上でも残るものであり、その意味では、相互行為一般の可能性の条件を形成しているとさえ言えるのである。

たしかに、現実の社交的会話は、それが特定の外的な目的をもった相互行為、たとえば合意形成のための討議に移行した場合には消滅する。だが、そうした内容をもった相互行為であっても、社交における会話というものの潜在的な可能性がなければ成立しえない。つまり、社交概念はそれ以外の相互行為を基底づけるものであるといえよう。ジンメルによって提示された社交的会話の純粋形式は、あらゆる相互行為の基底に存していなければならない超越論的条件として再構成される必要がある。

2　マリノフスキーと「交話」

機能主義社会人類学の始祖であるマリノフスキーは、意味論の古典として有名なC・K・オグデンとI・A・リチャーズの『意味の意味』に補遺として収録された「原始言語における意味の問題」の第四章において、「交話」(phatic communion)という術語を創造し、言語を思想伝

達の手段としてのみみる見解を厳しく批判している。(6)

マリノフスキーは、言語が外的な目的をもたずに「社交」(social intercourse)において用いられる場合の例を、「未開人」が一日の仕事を終えた後、焚火を囲んで交わすような「雑談」(chat)や「世間話」(gossip)に見いだしているが、ヨーロッパの客間における儀礼的な、したがって言葉の意味とは関係なく用いられる言語も、それと同様のものであるとみなされている。たとえば、健康を尋ねること、天候の挨拶、まったくわかりきった事を言うことなどがそれである。彼は、「単なる社交性(sociability)における言語の機能を論ずるとき、私は社会における人間本性の根本的な特徴に触れることになる」とした上で、人間間の絆が、ただ言葉を交えることによって創造されるような場合の言語使用を「交話」という類型に分類する。この「交話」における言葉は、意味、つまり象徴的にその言葉に結びつけられている意味を伝えるために用いられるのではなく、ある「社会的機能」を果たすことを主たる目的とするとされる。

さらにマリノフスキーは、オグデンとリチャーズによる「話すということは気持ちのよいことであるのみならず、話すべきことのほとんどない場合でも何か言うのが西洋世界を通じた共通の礼儀である」という洞察をうけて、言語を、話し手の内的状態、過程を聞き手に伝達するものであるとする見解を偏ったものとして退けるとともに、言語を思考の表現の手段としてみることも「そのもっとも派生的で専門化した機能の一つをみる一面的な見解たるをまぬがれない」とまで言い切る。

　この「交話」における言語機能は、後に言語学者であるR・ヤコブソンによって「交話機能」(fonction phatique) として、言語の六機能のうちのひとつに数え入れられることになる[7]。しかし、言語学者の定延利之が鋭く問題視するように、特定の実践的目的をもたないとされる「交話」が特定の「社会的機能」を果たすという記述には矛盾が感じられるかもしれない[8]。ただ、ここで注意を要するのは、マリノフスキー自身は、これを言語のたんなる一機能としたのではなく、まさにそれこそが「社会における人間本性の根本的な特徴」を示しているとしている点である。J・ライオンズは、この「交話」を、会話の始まりの挨拶などにみられるような、意味や情報の伝達を第一の目的としてはいないが、ひとつの意味をもっている発話のありかたとして分析している[9]。たしかに、J・レイバーも指摘するように、こうした挨拶や天気への言及などの発話は、現実のコミュニケーションにおいては、相互行為の開始と終了のフェーズに典型的にあらわれるものであるといってよい[10]。しかし、この種の発話が相互行為の開始と終了のフェーズにのみ限定的にあらわれるのではないことを考えるならば、交話というものが、コミュニケーションにおいて、ある部分的な機能を果たしているとだけ考えるべきではないのではないだろうか。むしろ、それが現実のコミュニケーションにおいて、開始と終了のフェーズに典型的にあらわれるということは、それこそがコミュニケーション一般にとってより基底的であるということ、つまり、そこから伝達であれ、合意形成であれ、さまざまなコミュニケーションの個別機能が派生してくるような、コミュニケーションにとっての超越論的な基盤が、そのような交話の可能性の条件として胚胎しているということを示しているのではないだろうか。この点において、マリノフスキーの交話論は、前節でのジンメルの社交論と共通しているといえよう。

3　オークショットと「会話」

政治哲学者であるオークショットもまた、真理探究の言語としての「科学の声」が人間のコミュニケーションのひな形とされている実情に対する批判を行っている。「人類の会話における詩の声」と題された論文は、哲学は、バベルの塔によって引き起こされたことは災厄であるという前提に基づいて、そこからわれわれを救出すること、つまり人間の言葉に単一の性格をおしつけることを任務としてきたのだとする挑発的な主張から始められる。哲学は、あらゆる発話が「実践的意味」(要するに、日々の生活にとっての必要に関わる意味)だけをもっていた原始的状態から人類が脱した後、多様な意味をもつようになった人間の交わりを、「探究」という観点からのみ理解しており、さらには多様な声の調停という装いをもちつつも、科学の声のみを認知し、他のすべての声をそれを基準に評価している、というのが、その主張の要点である。これが、直接には同時代の論理実証主義的、科学主義的な言語観に対して向けられたものであることは疑いをえない。しかし、その批判の射程はたんに一時代の哲学の流派にとどまるものではないことも確かである。

ここでオークショットが、人間の交わりにおける多様な声の「出会う場所」として挙げるのは、「探究」や「議論」ではなく「会話」(conversation)である。オークショットの会話のイメージは、驚くほどにジンメルやマリノフスキーのそれと似ている。つまり、ここでも会話は、何らかの外的な目的をもつコミュニケーションとは区別されたものとして想定されているのである。

会話の参加者たちは探究や議論に関わっているのではない。そこには、発見されるべき「真理」も証明されるべき「命題」も追求されるべき結論もないのである。彼らは、情報を伝達したり、説得したり、論破したりしているのではない。したがって、発話の適切さは、彼らすべてが同じイディオムで語るということに依存してはいない。彼らは、互いに異なってはいるが、争っているわけではない。(中略)会話は、外的な利益をもたらすための企てでも、賞を狙っての勝負事でも、正典の解釈でもない。会話は、ぶっつけ本番の知的冒険である。会話とギャンブルには類似点がある。どちらも、勝敗といった結果ではなく、賭けるということそのものに意味があるのだ。正確にいうならば声の多様性が存在しないところでは会話は不可能である。会話のなかで、さまざまな言説空間が出会い、相互に承認しあいつつも、相互が同化することを要求も予定もしないある間接的(oblique)な

関係を享受するのである。(11)

オークショットは、この会話の伝統、会話の能力こそが、人類を人類たらしめている人間性の根底に存在しているものであるとする一方、それがたやすく野蛮に転化してしまうということを認めている。彼の考える野蛮とは、発話の内容が発話の作法から分離独立させられることによって、複数の声が到達物としての結論群(dogmata)になり、論争の種に転化してしまうことであり、それは「会話可能性」(conversability)を消滅させるとされる。

ここで、オークショットが会話の破壊の原因を、不作法や傲慢のみならず、議論というものに求めていることは注目に値する。そこで考えられているのは、「実践の声」としての政治と「科学の声」とによる会話の場の独占である。ここで、ハーバーマスの有名な「システムによる生活世界の植民地化」という概念が思い出されるかもしれない。しかし、オークショットが人類の「会話」の基本原理を求めるのは、政治哲学者としては意外であり、かつ奇妙であることに「詩」なのである。本書には、詩についてのオークショットの理解の当否を論じる能力はないし、これに対する美学的保守主義というレッテル貼り(ハーバーマスの用語を借用するならば「美的モデルネへの退行」ということになるか)について直接検討を加える余裕はない。たしかに、オークショットの議論には、同じく保守主義であるとされるドイツのJ・リッターの「補償(埋め合わせ)理論」(Kompensationstheorie)を彷彿とさせるところもあり、また「逃避」

(escape)という概念がオークショットの政治哲学にとっての重要な概念であることを考えるならば、そうした検討も必要ではあろう。(12) しかしそのためには、言語をめぐるデリダとハーバーマス(あるいはオースティン、サール)の対立という、それ自身コミュニケーション理論にとっても重要な論点が参照されるべきであると思われるが、ここでは措かざるをえない。(13)

その代わりに本書の文脈に即してここで注目しておきたいのは、ジンメルの場合と共通する、会話の「遊戯」的側面の指摘である。会話を「軽薄な言葉遊び」とみる見解に対して、オークショットは、会話の卓越性を、真面目さと遊び心の緊張関係にみている。会話においては、遊びは真面目であり、真面目は遊びなのである。(14) これは、「楽しい会話」の対概念として設定されているのが「退屈」(bore)であることと関連している。

通常、会話において「退屈」であるのは、ひとりの人物が発話ターンを独占することであるが、オークショットはこれを、さまざまな「言説空間(論議世界)」(universe of discourse)の出会う場としての会話の場が、特定の、たとえば「科学の声」によって独占されてしまっている状態を指すものとして使用している。たしかに、「言説空間」という語の本来の論理学的意味からすれば、複数のそれの混在は、命題の意味や真理値の一義的決定を不可能にし、「言語ゲームの取り違え」といった誤解の原因ともなるものだろう。ただ、(あくまで勝手な想像ではあるが)オークショットならば、ウィトゲンシュタインの'Sprachspiel'は、「言語ゲーム」ではなく、少なくとも「会話」においては、まずもっては「言語遊戯」としてこそ理解されるべきであると言うのではないだろうか。

もちろん、場合によっては、そのつどの必要性に応じて単数の言説空間が設定されるべきであることは間違いなく、「生産的」な、つまりは外的目的にとって目的合理的なコミュニケーションが現実の社会において必須であることは疑いをえない。しかし、そのことは、複数の言説空間の共在ということを、たんにそうした一義的な言説空間の存在からの逸脱として記述するのではなく、むしろ逆に、そうした一義的言説空間の成立に先だって存在する、より基底的なものとして解釈すべきであるということを意味しているのではないだろうか。そしてそれは、われわれがすでにみた、ジンメルやマリノフスキーの会話に関する議論、すなわち会話の基底性に関する教説と軌を一にするものであるとも思われる。

井上達夫は、『共生の作法——会話としての正義』においてオークショットの会話に関する理論からその保守主義的含意をはぎとり、それを新たにリベラリズム的「正義」概念の構築に接合する野心的な試みを行っている。[15] 本稿におけるオークショットへの着目も、当初はこれに示唆されてのことであったのだが、その「接合」、つまり「会話の作法」(decorum of conversation)のなかに「共生の作法」としての正義の可能性が胚胎しているという主張に対しては、その意義と可能性を否定しないまでも若干拙速であったのではないか、というのが現在のところの正直な感想である。

たとえば、井上は「法」哲学者としては当然のことかもしれないが、オークショットに依拠しつつ、会話と社交を「統一体」(universitas)から区別された「社交体」(societas)という国家モデルのための装置として考えようとしている。しかし、本書での会話と社交概念は、あくまで哲学的、倫理学的なコミュニケーション理論の枠内にとどまり、少なくともまだ国家モデル一般との関係を語りうるものではない。なにより、われわれは、まだ「会話」というものについてそれほど多くを知らないのである。この意味で、会話に関する実証的、理論的な探究は緒についたばかりであり、正義や倫理を少なくとも直接語ることは、いましばらくは禁欲せざるをえない。あえて、現段階での見通しを先取りして述べるなら、「会話」の場は、すくなくともいまだ井上の言うような「共生」(conviviality)ならざる「共在」(copresence)の場であり、「会話」と「共在」の両概念は、切っても切れない関係にあるものであるというところに手がかりがあるだろう。ここでは詳述する余裕はないが、偶然性が支配する「共在」と正義の場としての「共生」の間隙は大きい。[16] これを埋めるための作業が要求されていることはだけは確かであろう。[17]

さて、以上で紹介した三人の理論は、外的な目的をもったコミュニケーションではなく、コミュニケーションそれ自身を目的とした「会話」の自己目的性を指摘するとともに、そうした会話がコミュニケーションというものにとって基底的であると主張するものであったといえよう。彼らの議論は、コミュニケーションという現象に対する、これまでの哲学的考察の偏向を鋭く突いたものであったと言わざるをえない。ただ、残念なことに、三者とも、そうした「会話」というものが実際にどのようなものであるのかに関する実証的な検討をしているとはいえず、また逆に、会話概念の超越論的な性格に関する十分な立論をするにもいたってはいない。もちろん、この二つの探究の方向は区別されるべきであり、現実に遂行される会話という現象と、いわば超越論的な理念としての会話の区別も必須であることはまちがいない。しかし、この二つの探求が同時になされうるものであることも確かであろう。会話についての哲学的倫理学的探究は、会話分析をはじめとする現在のコミュニケーションの実証的研究から養分をもらいつつ、それらに対する理論的方向づけを与えるものでもなければならないであろう。

第七章　だれがどこで会話をするのか

1　ヒュームと「会話する人々」

コミュニケーション、とりわけ日常的な会話の概念に基づく倫理学を考えようとするにあたってはなによりD・ヒュームが参照されねばならない。その際に導きの糸となるのは『人間本性論』における次のような文章である。「それゆえ、社交や会話における感情の相互交流は、われわれに何らかの一般的で不変の基準を形成させるのであり、われわれはその基準によって性格や作法を是認したり否認したりする(1)」。こうした発想は、スコットランド啓蒙やモラル・センス学派に特有のものであるわけではなく、その先駆として、ロックの「意見あるいは世評の法」(law of opinion or reputation)という概念を挙げることができる。さらに、こうした「意見」(opinion)あるいは「信念」(belief)の「臆見」(prejudice)からの分離、そしてまたギリシャ語の doxa あるいはラテン語の opinio がもっていた「不確実性」という消極的意味からの分離は、宗教的「信仰」(faith)をたんなる「意見」と同価値のものとしたホッブズによって、逆説的に「意見」の格上げにつながったともいわれる。(2)

ヒュームの議論の要諦は、社交や会話を通じて「共通利益の一般的感覚」(general sense of common interest)とされるコンヴェンションが時間をかけて形成されるという点にあるのだが、その理論をもう少し詳しく追ってみよう。

ヒュームの倫理思想が「共感」(sympathy)概念に基礎をおくものであることはよく知られているだろう。しかしこの「共感」は、身近な人に対してより強くはたらくため、偏狭かつ不安定な側面をもつ。したがって、これがより広い道徳の基礎原理であるためには、この偏りは是正されねばならない。ここで導入されるのが「一般的観点」(general point of view)という概念であり、これが先の引用にある「一般的で不変の基準」につながるものであることは確かであろう。社交という点からいえば、ここでの機序は次のようなものである。まず、われわれは社交や会話において自分の感情に対するきわめて多くの反対意見を見いだす。(3)この他者とのコンフリクトは、それ自体としては「不快」なことであり、なんとかして解消されるべきものである。そしてこの不快は、社交や会話が与える快を欲し続ける限りにおいては、(4)まさに社交と会話を続けることを通じて得られる「一般的観点」の生成によって解消されるとするのがヒュームの議論である。

（ここでこのコンヴェンションという概念について少し注意しておくべきことがある。先に

第五章でデイヴィドソンの理論について触れた際に、デイヴィドソンがこの概念を批判的に捉えているという趣旨のことを述べた。その際には「規約」という一般的な訳語を提示しておいたし、まさにデイヴィドソンの論敵は「規約主義者」(conventionalist)とよばれてもいた。しかしここでヒュームの概念としてのそれを考えるとき、デイヴィドソンが批判的に扱ったものとはかなり異質なものであると思われる。デイヴィドソンにとっての「規約」とは、あらかじめ言語共同体のなかで共有されているものであるのに対して、ヒュームの考えるコンヴェンションは、有名な二つのオールをもったボートを漕ぐ二人という例をみても、見知らぬ他人との間でまさに人為的に時間をかけて「形成」されるものであったのだ。これが、ヒュームの概念としては、あえてカタカナ表記を採用した理由でもある。)

またヒュームは、「エッセイを書くこと」と題された、それ自体が極めて短いエッセイを、「学者」(the learned)と「会話する人々」(the conversible)という二つの種類の人間の区別から始めている。これら二種類の人間は、それぞれ「学者の国」(Dominions of Learning)と「会話の国」(Dominions of Conversation)という領域に属しているが、ヒュームは自らをもって「学者の国」から「会話の国」へと派遣された「大使」(Ambassador)であると任ずるのである。(5) ここでは、「会話する人々」という語が、可能形容詞の名詞化であるという点が問題となる。これはヒュームにとっては、まさに自分のエッセイの読者層として想定されていた人々であり、商工業の発達に伴って発生した、ある程度洗練された「作法と習慣」を身につけた(女性を含めた)

新興の中産階級がその代表であった。ここから、ヒュームの会話と社交の理論を、いわば「文明社会論」として解釈する論者は多い。とりわけ、「エッセイを書くこと」と同じく『道徳・政治・文学論集』に収められた他の論考、たとえば「技芸における洗練について」などにおいて、社交の発展と産業社会の発展が密接に関連していると論じられているのを見るかぎりにおいて、こうした解釈は一定の妥当性をもつであろうし、歴史的事実にも沿うものであるかもしれない(6)。

しかし、ヒューム研究におけるテクスト解釈としてであればこれらの議論をそのまま認めざるをえないとしても、本書の目的はそこにはない。なにより、この解釈をそのまま受け入れることは、すでに検討した会話というものの基底性に関する本書の見解と齟齬をきたしてしまうことになりかねない。たとえば、すでに述べたマリノフスキーの「交話」は「未開社会」においてもみられる人類普遍的な現象であり、特定の「文明社会」にのみみられるものではない。この「文明社会論」的ヒューム読解と社交と会話の基底性の議論の間の齟齬は重大であり、それに答えることが本書の次なる課題であることは確かである。

まず第一に、先に提出しておいた会話の超越論的ともいえる基底性の議論と現実に遂行される現象としての会話に関する議論は峻別されるべきであるということを確認しておこう。つぎに、この超越論的、形式的、普遍的観点からみられた会話と歴史的時間の中で生成する現実の会話の間の関係についても議論の必要があることは言うまでもない。ヒュームの理論は、後のハイエクの自生的秩序論の先駆けとなったものであるとも言いうるが、おしゃべりしていれば自然に道徳的秩序が発生するとは、あまりに能天気な楽観主義ではないのかという当然の批判もあろう。

また、「会話する人々」とよばれるこの十八世紀的「階級」の存在を現代においてそのまま見いだすことはもちろん不可能である。二十世紀においても、その後継者たる、ドイツのいわゆる「教養市民層」がナチズムの前では無力であったのみならず最終的にはそれを支えたのではないか、というよく知られた批判も想起されよう。(7) また、それこそ商工業の発展に支えられた「文明社会」こそが貧富の格差を発生させ、元来普遍的存在であったはずの「会話する人々」を特権階級にしたにすぎないのではないかと辛辣に問うこともできる。

しかし、なにより重要なのは、ヒュームの倫理学に見いだすことのできる、社交と会話が一般的観点に基づく道徳を生むということと、社交と会話の存立が一定の道徳の存在を要求するということの間にある循環であろう。これは、次節で述べるカントの理論ともつながるものである。

さらに、「会話」の物理的場所という点に関しても、ヒュームにとってのそれはサロンやコーヒーハウス、クラブなどが考えられていたのは確かである。それでは、現代における「会話」の場所とはいったいどこなのだろうか。ここで残された問いは、「誰がどこで会話をするのか」という現代でもなお重要な問題であり、それはとりもなおさず若きハーバーマスが（いささか硬直した「討議」(Diskurs)概念の提出のはるか以前に)問うた「公共圏」に関する問題なのである。

2　カントと共通(共同体)感覚

カントという哲学者は、『純粋理性批判』などという難解きわまりない書物のためか、哲学者のなかの哲学者、まさに「純粋」哲学者の代表のように思われている感があるが、実際は相当な社交好きであったとも伝えられている。それ以上に驚くべきことは、カントの著作のなかには、きわめて多くの社交に関するまさに「人間学」的な言及が見いだされるということである。『実践理性批判』のような硬い著作においてさえ、「学者や哲学者だけではなく、実業家や婦人からも成り立っている混合した社交での対話の運びに注意してみれば、そこに物語や冗談だけでなく、もうひとつの楽しみが、すなわち論議が行われていることに気づくのである」という記述をみることができる。(8)

しかし、カントが社交を正面から論じた著作の多くが『ベルリン月報』という「啓蒙雑誌」に寄稿されたものであったことは注目されてよいだろう。この雑誌は、J・E・ビースターとF・ゲーディケという二人の知識人によって一七八三年に創刊されたものであるが、フリードリッヒ大王の統治下において、英仏から遅れることしばらくして開花した「ドイツ啓蒙」を象徴する雑誌であり、「読書する公衆」(Lesepublicum)という新興階層をターゲットにしたものであった。この階層がヒュームにおける「会話する人々」に対応するものであることは言うまでもないであろう。

もう一例をあげるなら、「人類史の憶測的起源」という怪しげなタイトルのエッセイにおいては、「人間の使命の最大の目的としての社交」という奇妙な記述が目に入る(9)。これに対する解釈はさておくとして、この時期のカントの書き物のなかで社交についてのまとまった記述があるのは「世界市民的見地における普遍史の理念」であろう。そこで展開されているのは「非社交的社交性」(ungesellige Geselligkeit)という謎めいた概念である。第四命題として提示されるこの概念を簡略にまとめるならば以下のようなものとなろう(10)。

人間には、自己の自然的な素質を発展させるために社会に入っていく、つまり社交を求める性向が備わっている。しかし、その一方で自己愛に基づいた、名誉、所有、支配に関わるさまざまな我欲をもつ人間は、社交の場において出会われる同様の我欲をもつ他者を「抵抗」と感じ、何でも意のままに処理しうる孤立へ向かう傾向性も同時にもっている。これが「非社交性」である。ただ、この我欲は人間の自然的素質を発展せしめる原動力であり、そしてまた同時に社交における他者からの評価なくしては充実されえないものでもある。そこで人は「一緒にいるのは我慢できないが、さりとてまったく離れるわけにもいかない仲間」をどうしても必要とすることになる。この逆説的な社交性こそが「非社交的社交性」である。

ただ、その実現のためには重要な条件がある。それは、「人類史の憶測的起源」において言われる「礼節」(Sittsamkeit)の存在である。[11] そこでは、礼節は、すべての真の社交性の本来的な基礎であるとさえ言われる。だとすれば、この「礼節」はどこからやってくるのであろうか。ここに、前節でヒュームに関して述べた「循環」と同様のものを見いだすことはたやすい。実際、ヒュームもまた、誇りや自己賛美それ自体を快くかつ有用なものであるとしつつも、他者のそれが社交において不快なものとなりかねないという事実を認め、「人々の誇りの対立を防止し、会話を気持ちよく角のたたないものにするために、われわれは行儀(good breeding)の規則を確立する」としている。[12] この規則も社交と会話を通じて形成されるコンヴェンションによって作られるものである以上、そこには形式的には循環が存在することになる。

もちろん、これらの「礼節」や「行儀」といったものは、それこそM・フーコーの言うような「調教」や「訓育」によって強制されることで前もって「身につく」のだという解釈をすることは可能であり、かつ妥当でもあるだろう。しかし、この解釈の上に訳知り顔で胡座をかくことはフーコーその人の思想にもそぐわないのではないだろうか。ここでは、この循環の存在を今一度真面目に受けとめ続ける必要がある。

カントは同じく『ベルリン月報』に掲載された「啓蒙とは何か」において、「各人にとってほとんど本性にまでなってしまった未成年状態から脱することは、個々の人間にとっては困難なことである。しかし公衆が自分自身を啓蒙することはありえることだし、もし公衆に自由を与えさえすれば、それはほとんど必然的なのである」と述べている(13)。この文言を、社交や会話を通じた人間性の「世界市民」へ向けての発展とみることはあながち間違いではないであろう。しかし、この「必然性」とは何のことなのだろうか。

これを胡散臭い目的論的な「歴史哲学」であると評することはたやすい。H・アレントは、「カントの道徳哲学の中心には個人が位置し、歴史哲学(あるいは自然哲学)の中心には人類の永続的進歩が位置する」と言っているが、おそらくは経験主義者として、そしてまた冷徹な歴史家として、このような「歴史哲学」に無縁であったはずのヒュームの理論にもまた同様の循環を見ることもできる。そしてヒュームもまたスコットランド啓蒙の旗手であったのだ。ハーバーマスは『公共圏の構造転換』において、この循環を次のように定式化している。「この公衆の地位は両義的である。それは一方では未成年で、まだ啓蒙を必要とするものでありながら、他方では、すでに啓蒙能力のある成年状態という自己主張をもって公衆として構成される」(14)。したがって、この循環は、「啓蒙の循環」とよぶことができよう(15)。

一方アレントは、カントがこのパラドックスを、「構想力」と「共通感覚」(sensus communis)の共働ということによって解消したとみている。すでに主著『人間の条件』において、ホワイトヘッドの『自然という概念』を引きつつ、デカルトにおける「共通感覚の後退」を批判していたアレントが、晩年に残した『カント政治哲学講義』は、『判断力批判』を政治哲学の書として読むという大胆な試みであった。言うまでもなく、美的判断力を扱う『判断力批判』の第一部は趣味判断を主題としている。しかし、アレントは、これを人間の伝達能力〈communicability〉一般に関する議論、ひいては政治哲学の基礎理論たる社交性の議論として読み解こうとする。そして、その際のキーワードとなるのが、「構想力」と「共通感覚」であったのだ[16]。

しかし、この「共通感覚」という、アリストテレスの「コイネー・アイステーシス」〈koine aisthesis〉に由来するとされる概念の歴史そのものが、この問題が錯綜していることを示している。ここでは概念史を詳しくたどることはできないが、たとえば、モラル・センス学派の源流と目されるシャフツベリの「道徳感覚」は「共通感覚」であるとされており、それが〈間にヒューム〈をはさんで〉次世代のリードに至って「常識」〈common sense〉へと変貌する。ここでは、〈doxa〉と〈endoxa〉という、〈koine aisthesis〉とは元来別のアリストテレスの概念が、私的な「信念」〈belief〉あるいは「意見」〈opinion〉と常識としての「公論」〈public opinion〉に対応することになっていると考えてもよいかもしれない。しかし、そもそもが異なる出自の概念が、いかにして結びつきうるのか。あるいは、「共通感覚」などという怪しげな概念は、すでにデカルトが賢明にも無視したように消去するべきなのだろうか[17]。

ここで、アレントが〈sensus communis〉の英訳として、通常の〈common sense〉ではなく、〈community sense〉という語を選んでいることは注目に値する。実際カント自身も、〈sensus communis〉を、〈Gemeinsinn〉という「卑俗」〈vulgare〉なものとしてではなく〈gemeinschaftlicher Sinn〉と理解すべきであるとしている[18]。つまりそれは、特殊な道徳的対象に対する内的な第六感覚としての道徳的感覚(moral sense)のようなものではなく、ましてやすでに出来上がったものとして常に事実として存在している常識(common sense)でもなく、私的感覚(sensus privatus)の対概念であるコミュニケーション能力としての「共同体感覚」であるということになるのだろう。

アレントのこの大胆かつ毀誉褒貶の多いカント解釈そのものの当否はここでは問わない。しかしここから、われわれの問題である啓蒙の循環ということに対する答えを見いだすことはやはり困難であろう。この「共同体感覚」もまた、「出来合いの能力」[19]ではなく社交や会話などのコミュニケーションを通じて生成するものであると考える限りにおいては、やはり循環をまぬがれることはない。

またヒュームとカントに続く世代にとっては、こうした社交の「理論」は不評であったということも考慮すべきであろう。まず、J・S・ミルが『自由論』で敵視していたのが、通常いわれるような政府の干渉というだけではなく、むしろ「公論」というものであったことが注意されるべきである。さらに、たんなる多数者の私的な信念の集合体にすぎない公論の学問的価値を「学問は公論とよばれるものの部類には属してはいない」として否定したヘーゲルも想起されよう[20]。このような問題意識に対して、ここで必要とされているのは、この循環の理論的「解決」ではなく、われわれがそれに実際にどのように対応してきたか、あるいはすべきであるのかであると言うべきなのかもしれない。かつてハイデッガーが「解釈学的循環」に関して、

「正しい仕方で循環の中に入っていくこと」と述べたことが想起される[21]。

3　公共圏と「排除問題」

しかし、この「共同体感覚」にもまた疑いの目を向けることは可能であろう。「公共圏」をめぐる現代の議論のなかでは、一般にアレントは「公共的」(public)と「私的」(private)という二分法を強く主張した論者として知られており、その点に関する批判も多い。たとえば、A・リッチなどのフェミニズムの側からの批判は痛烈である。それによれば、アレントは、女性問題を無視していただけではなく、女性を家政という私的領域に閉じこめ、公的領域から排除してしまうような古くからの女性の囲い込みを容認しているという点で男性至上主義者に他ならないという[22]。たしかに、アレントがハーバーマスと並んでいわゆる「熟議民主主義」(deliberative democracy)の理論的支柱となっていることを考えれば、この「排除問題」は深刻である。ハーバーマスの場合にも、同様の批判がフェミニズムからなされている。その代表ともいえるN・フレイザーの批判のなかには、ハーバーマスの言う公共圏においては、あからさまな(女性の)排除は考えられていないものの、そこでは差異の括弧入れが行われているだけであって、結果的に現存する不平等を温存させてしまうとか、公私の区別そのものが公共圏において決定されているということに対する注意が不足しているといった重要な指摘も含まれている[23]。

ここではこれらの批判を逐一検討している余裕はない。ただ、「公共圏」が場所であるかぎりにおいて、そこに「排除問題」とよぶべきものがつねに存在しているということは確認しておいてもいいであろう。ここでは、この排除問題を、科学技術コミュニケーションにおける「素人」(layperson)の位置と政治的コミュニケーションにおける女性の位置とをアナロジカルに考えてみたい。もちろん、両者の間に大きな差異は存在する。しかしながら、コミュニケーションという観点に立った場合、そこには同じひとつの問題が埋め込まれているということも確かなのである。

科学技術コミュニケーションにおいては、素人の(とりわけ「倫理」に関わる)発言は、まさしく論理実証主義的な情動主義(emotivism)が主張したように、「主観的」でローカルなものであり、「正当化」の根拠をもたず、「根拠」に欠けるわけのわからぬ「情動の表出」でしかなく、真偽を問うべき学問的コミュニケーションの基盤となる命題の体をなしていないとされることがままある。A・J・エアーを嚆矢とするこの情動主義はR・カルナップ、C・L・スティーブンソンなどによる展開はあるものの、その主張の核心は、「道徳的言明には記述的意味や真理値は存在せず、相手の態度に影響を与える情動的意味のみが存在する」という点にあった。これは本稿で問題にする、「素人」の道徳的異議申し立てに対する科学技術の「専門家」の典型的な反応でもある。

この「情動主義」に対する規範倫理学の側からの反論は多々あるが、ここではむしろメタ倫理学的な批判である、P・ギーチによる批判を取り上げてみたい。それはフレーゲ＝ギーチ問題として知られるものであり、要は、条件文や間接話法のような複文構造をもつ文のなかに道徳的言明が組み込まれている場合には、情動説が主張する「情動の表出」という意味をもたない場合があるが、これを情動説は説明できないというものである[24]。

たとえば、"Telling the lies is wrong" という単体の言明と "If telling the lies is wrong, then getting your little brother to tell lies is also wrong" という条件文の前件とでは、意味論的な相違が存在する。仮に前者に「情動の表出」という意味を認めたとしても、後者においてそれと同様のことが主張されているとは言い難いのであり、単純な(古典的)「情動説」はこの差異を説明できないがゆえに破綻しているとされる。

これを、いささか乱暴に換骨奪胎して解釈するならば、つぎのようになるだろう。道徳的言明が複文のなかに取り込まれうるということ、そしてその場合には、それを単独の言明として扱うのとは意味論的に異なったものとして扱う必要があるということは、要するに道徳的言明の存在が、ひとつの事実としてこの世界における「現実」を構成しうるということを示しているのではないか。もしそうだとすれば、「ヒト胚の研究利用などは気持ち悪い」といった「素人の感情的発言」の存在をも、この世界におけるさしあたっての事実として承認し、そしてさらに、それをどう処理するべきかを考えることは、まさに倫理学に課せられた課題であると思われる。

これは、別の観点からみれば、道徳的言明を単数の発話として処理するのではなく、それがこの世界におけるコミュニケーションという文脈のなかでどのように取り扱われるべきであるのかを考察することに対する要請である。このコミュニケーションという視点が、単数の発話の分析に終始する古典的「情動説」には欠落している。[25]だとするならば、コミュニケーションの哲学者ハーバーマスのこれに関する見解を聞いてみる必要がある。

よく知られているように、大著『コミュニケーション的行為の理論』を発表した後のハーバーマスは、盟友Ｋ・Ｏ・アーペルと共にあった「普遍的語用論による道徳の究極的根拠づけ」戦線から一歩後退し、『道徳意識とコミュニケーション的行為』所収の「代理着席人および翻訳者としての哲学」において、哲学の役割を、秘教的な特殊形態へとひきこもってしまった科学技術に代表される専門文化と対話的な日常的実践との間を媒介、すなわち「翻訳」するという、より謙虚なものへと限定した。[26]その功罪そのものについてはここでは問わない。[27]ここで問題にしたいのは、先にふれた「素人」の道徳的言明、とりわけ、「感情的」という語のもとに一蹴されかねない発言をどのように哲学が扱うのかということである。これに対するハーバーマスの回答は明晰である。つまり、未だ命題ならざる感情表出にすぎないような「素人」の発話を、哲学は命題化してやることによって、それを「討議」(Diskurs)のなかに組みこむこと、これこそが哲学にできる「翻訳」作業のひとつであるというわけである。[28]場合によってはそうした「翻訳」そして「討議」が必要であることとそのものには異論はない。

しかしながら、ここで問いたいのは、はたしてそれがいかなる意味で可能であるのか、そしてそれだけが必要なのかということである。まず、そうした「翻訳」そのものの可能性の限界について考えてみる必要がある。「素人」の感情的表現を討議のなかに組みこめるような命題へと「翻訳」したとき、そこにある種の意味の変容が発生することは「翻訳」というものの性質上、ある意味では必然的である。はたして討議倫理学者は、理論上この意味変容に、あるいはこういってよければ翻訳の暴力性にどこまで自覚的でありえるだろうか。

しかしそれ以上に重要なのは、「翻訳」の必要性が云々されるということは、「素人」の感情表出を、そのままに(そして真面目に)カウントすることのできるコミュニケーションのシステムを、われわれが今のところはもってはいないことを意味しているということである。

たとえば、八〇年代から九〇年代にかけて日本で「脳死と臓器移植」に関する法制化が問題になったとき、多くの医学専門家は、「脳死(brain death)」と「植物状態(vegetable state)」の区別もできないような「素人」に「移植問題」が論じられるはずはないと言い切った。そこでは「死」という日常(ordinary)用語が、操作的定義(operational definition)によって確定されることになった。つまり死が科学化されたのである。しかもその操作は、専門家にしか不可能なものである。注意すべきことは、この「見えない死」(invisible death)ともよばれる脳死をめぐる議論において「素人」が排除されていたわけではないということである。

実際、議論は哲学、宗教に関係する者や、その他のさまざまなタイプの市民を巻き込んで広範に行われた。それは、議論の場のみならず、居酒屋や喫茶店における社交の場での話題ともなった。その点では、後の二〇〇九年の「改正臓器移植法」の場合とは大いに異なるとは言えよう。しかし、そこでの（もちろん哲学者をも含んだ）「素人」の議論のほとんどは、「専門家」によって、「感情論」あるいは「日本文化に特有のローカルで時代遅れの反応」として片づけられ、それらの意見は、無視されはしないものの、最終的には「科学的」に修正、すなわち「啓蒙」されるべきものとして扱われたのである。

科学技術のもつ負の部分が、一般の市民にも多大な影響を与えるがゆえに、それをめぐる議論に素人が参加するということは、日本でも「公害」問題を皮切りに行われてはいる。「科学・技術・社会論」（ＳＴＳ）にも大きな影響を与えたＭ・ギボンズのモード論は、科学者がパラダイムを共有する専門家集団の内部でのみ閉じた議論を行っていたモード１の状態から、科学の影響力が社会全体に及ぶようになって以降、科学者が狭い専門領域から出て、学際的、さらには市民をも巻き込んだ議論をすることが要求されるようになったモード２の状態へと移行していることを示している。

しかし、確かに八〇年代にデンマークで生まれ、日本でも行われはじめている「コンセンサス会議」、あるいは官公庁における科学技術政策に関するパブリックコメントの募集などのテクノロジーアセスメントの試みがあるにせよ、そこでのコミュニケーションにおける素人の「位置」が明確にされているとは言い難い。このコミュニケーションにおいては、素人は参加の自由が外的制約によって妨げられることはないであろうし、発言の機会均等をはじめとした権利もとりあえずは保証されているかに見える。しかし、にもかかわらず、そこでの素人は「専門家ではない者」という否定的定義以外の位置づけを、生活世界における公共的コミュニケーションにおいて与えられてはいないのではないだろうか。

なによりも科学者の“accountability”が「説明責任」と訳されるように、科学者は「説明する人」であり、素人はそれを聞く人であるという立場上の不均衡がある。確かに「依らしむべし、知らしむべからず」という態度がもはや現代のテクノクラートに認められえないとしても、今度は「知らしむべし、而して依らしむべし」という方向が明白である。そこでは、素人の「感情的」発言は、専門家によって「治療」されるべき症状の開陳でしかない。ここで注意しておきたいのは、素人の「知識」の欠如そのものが第一の問題ではないということである。ここでの問題は、素人の学習や専門家による「啓蒙」によって解消されるような性質のものだけとはいえないという点にこそ存在しているのである。

また、社会学者の草柳千早は、Ｊ・バトラーを援用しつつ、女性のクレイム（異議申し立て）が、明白な検閲によってのみならず、暗黙の検閲という水準において予め排除されている点を指摘している。暗黙の検閲は、権力によるあからさまな検閲による排除ではなく、「発話不可能なものが語られる前に、それを排除しようとする暗黙の権力操作」としての「予めの排除」である。この検閲への侵犯的クレイムは、自明性へのクレイムであるがゆえに、容易には理解されない。それは、同様に暗黙の検閲の対象である「精神病患者の呻き声」と同じく「わけがわからない」発話としてのみ「理解」されるのだ[29]。

草柳の論文は最後に、ウーマン・リブとは何かをわかりやすく説明せよという男の要求に対して田中美津が投げつけた答えを紹介している。それは「女の話しことばは、ことばとことばの間からもれてしまうものをこそ表現しようとすることばであり、それは常に生ま身の〈ここにいる女〉の生き難さ、その痛みから出発せざるをえない、いま痛い人間のことばとして、それはある」というものであった。田中は、別の箇所でも「いま痛い人間に、落ちついて、わかりやすく、論理的に語れ、ということは支配する側の言い草以外の何ものでもない。長い間、ことばを奪われてきた者が、己れを表現しようとする時、ことばからこぼれ落ちてしまうものをもって表現することば以外にはもちえない。それは存在自体が語ることばなのだ。」と言っている[30]。それは要するに、女の「とり乱し」た言葉を支配的な「男のことば」へとわかりやすく「翻訳」することを拒否するものであった。

以上二つの論点は、何らかの排除を受けている側の発話が、公共圏の言語としての「学者」の言語、「男」の言語にそれぞれ容易には翻訳されえず、そしてそのことがさらに排除を確固たるものとしているということを示しているように思われる[31]。公共圏における排除問題は、他の場合でも同様の構造をもつであろう。

ただ、公共圏の言語とはそもそも何なのであろうか。すでに述べたように、ハーバーマスとアレントを源流とする「熟議民主主義」においては、「参加」を望む者に対する構造的な排除をどのように考えるかという課題があった。「熟議民主主義」の唱道者たちは、それに真摯に対応してきたとも言えるだろう。しかし、そこにはもうひとつの問題が残されている。それは、そうした熟議に参加しようとしない者、参加したくない者の存在をどう考えるべきかという問題である。

ハーバーマスも(そしてアレントも)深く自覚しているように、十八世紀に発生した文化を議論する公衆(public)は文化を消費する大衆(mass)へと変容した。これと関係して、社会学者がアノミーやアパシーとよぶ「社会病理」の発生は、しばしば(共同体主義による)リベラリズム批判の文脈で、社会に対するフリーライダー問題と結びつけられることがある。ここで考えるべきなのは、『人間の条件』におけるアレントの言う「活動」(action)というものは、「労働」(labor)や「仕事」(work)と区別され、「現れの空間」(space of appearance)としてのアゴラにおいて、自らの「卓越性」(arete)、すなわち「万人のなかでの最良者であること」(aien aristeuein)を示す言論であるということの意味である。[32]

ここでの問題は、(少なくとも現代においては)仮にあからさまな排除を含まないとしても、それへの参加が一定のコストを要求する点で、それに積極的に参加したくはない人の存在が必然的になるという点にあるように思われる。その意味では、アレントの要求は高すぎるのではないだろうか。[33] ハーバーマスの「討議」においても同じことが言えるだろう。参加したくない理由はさまざまであろう。しかし、大きなハードルのひとつになっているのが、議論において使用される言語、つまりは(科)学者の言語であったり、支配的な「男性中心主義的」言語であったりすることは間違いない。このハードルは、それらの支配的言語への「翻訳者」の仕事によって超えられるべきものなのだろうか。

ここで再度ヒュームに登場してもらおう。先に「エッセイを書くこと」において、ヒュームが「学者の国」と「会話する人々の国」という区別をし、自らを前者から後者に派遣された「大使」になぞらえたことは述べた。その役割とは何であったのか。

私は社交(company)のなかでおきるあらゆる事柄についての情報を学者たちに伝え、私の祖国のなかで見つけた、社交の役にたち楽しみを与える商品をなんでも社交のなかに輸入するよう努める。貿易のバランスを心配する必要はないし、双方がそれを困難なく維持できるだろう。この貿易の原材料は主に会話と日常生活によって供給され、それらの加工(manufacturing)は学者の側に属する仕事である。(34)

さしあたって問うべきは、このヒュームの「大使」とハーバーマスの「翻訳者」の異同である。ここでヒュームの言う「加工」は、一見するとハーバーマスの「翻訳」と相似しているかにみえる。それ以上に、この引用だけをみるならば、他ならぬハーバーマスが批判するであろうような、「学者の国」による「会話の国」の植民地化ということになりかねない可能性すら読み取れるかもしれない。はたしてそうであろうか。

注意すべきなのは、「大使」（むしろ原料輸入業者）である哲学者ヒュームの仕事は、あくまで原材料の輸入であって、「加工」そのものが第一の任務であったのではないという点にある。工業生産力を独占している「帝国」が一次産品を植民地から輸入し、それを加工した工業製品を再度植民地に売りつけるという植民地帝国主義のイメージは、すくなくとも十八世紀のヒュームにはあてはまらない。彼にとっては、「会話の国」は、祖国「学者の国」では見つけることのできない豊穣な資源と可能性に満ちた領域であったのであり、けっして「未開」の地域であったのではない。

4　会話と「楽しさ」

ここで提示したいのが、「熟議」や「討議」に代わるものとしてではなく、それと並存しうるものとしての「会話」の概念である。会話、あるいは「おしゃべり」については、ジェンダーバイアスを色濃く含んだものを含めて、歴史的にも多くのマイナスイメージがつきまとっている。しかし一方で、ヒュームから現代のオークショットに至る別の伝統において会話の重要性が指摘されてきたことも事実なのである。

まず、会話においては、それが「楽しい」ということ自体が参加へのインセンティブであるが故に、会話に対するフリーライダーというものが存在しえないということを指摘することができる。「楽しさ」がインセンティブになりうるという点に関しては、他にコンピュータ業界における「フリーソフトウェア」の作者を例としてあげることができよう。無償で配布されるオペレーティング・システムであるLinuxの開発者として有名なL・トーバルズの自伝的書物のタイトルが"Just for Fun"(『それがぼくには楽しかったから』)であることをみればよい(35)。商用ソフトウェアを「違法」にコピーして使用する行為は市場経済においてはもちろんフリーライドであろうが、フリーソフトウェアの利用者は、たとえその開発、改良になんらの貢献をしなかったとしてもフリーライダーとしての誹りを受けることはない。こうした「楽しさ」に関する例は、公共性やリベラリズムに関する議論におけるフリーライダー問題を、「解消」するものではないとしても、それをその経済学的起源から離れたところで再考させるだけの意味はあると思われる。

また会話においては、「合意形成」が唯一のゴールとして設定されているわけではないので、熟議民主主義の採用する手続き主義的な合意論による「決定」が残すであろう遺恨やあきらめという問題もない。さらに、公共的な議論において問題になるアジェンダ・セッティングについても、会話におけるトピックの推移はアナーキーと言っていいほどの変化をみせることをみれば、誰かに一方的にアジェンダを押しつけられることはないし、そもそも会話においては、あらかじめ誰かによって設定されたアジェンダというものが存在していないとさえいえるだろう。会話においては、参加者が楽しくなくなるような発言、例えば、個人の特定の属性に関する不必要な言及を避けるというマナー(そしてもちろん暴力的な言動の禁止！)さえあればよいのである。

もちろん、社交において、「政治と宗教に関わる話題をタブーとする」といったようなマナーが社交を形骸化させてしまうという(歴史的事実でもある)問題はある。しかしそれは会話そのものの本質によって必然的にそうなるという類の問題ではない。実際、形骸化し硬直した会話は「楽しく」ないであろうから、それを持続するインセンティブを他に求めなければならないという点において、すでに似非「会話」であるとさえ言えるだろう。

なにより重要なのは、会話は親密圏においても公共圏においてもなされる、というよりむしろ、会話は両領域の境界を侵犯し止揚するとさえいえるということである。実は、アレントもまた、この点に気がついてはいた。S・ベンハビブは、アレントの初期の著作である『ラーエル・ファルンハーゲン』のなかでは、後の『人間の条件』で展開されたポリスという公共圏のアゴナルな範型とは異なった「近代性のもう一つの系譜」が描かれているとする。

ラーエル・ファルンハーゲンは、十八世紀から十九世紀にかけてベルリンで生きた裕福なユダヤ系女性であり、その自宅におけるサロンにはハイネやヘーゲル、そしてプロイセンの皇太子まで出入していたという。ベンハビブは、「サロンとは、社会的な集いであり、そこにおいて「会話の喜び」(それは、意思疎通と理解の喜びであるとともに、意思疎通の欠如と誤解の喜びである)が発見される」とし、さらに「この社会的なるもののもう一つの系譜における社会は、奇妙な領域であり、家庭でありながら公的で、女性によって支配されているが、男性が訪れ、かれらが集い、また「外部者」にとっては階層的でありながら、「内部者」のあいだでは平等主義的である」とも書いている[36]。

ここではサロン(あるいは、その庶民ヴァージョンともいえるコーヒーハウス)というものの歴史的意義あるいはその限界を、思想史あるいは文化史的に追究するつもりはない[37]。会話は、サロンやコーヒーハウスでだけ行われるのではない。それは、路上でも、そして家庭内における親子間でも行われる。ベンハビブが、フェミニズム陣営による痛烈なアレント批判の存在を熟知していながらも、あえてなおアレント思想の「もうひとつの可能性」を探ろうとしたように、会話の概念のなかに民主主義的な倫理学理論の「もうひとつの可能性」を求めることができるのではないかというのが本章の趣旨なのである。

5　会話と時間

さて、こうした会話概念の復権ということに根ざした社会理論は、「自生的秩序」(spontaneous order)論の系譜につながるようなものであり、その限りにおいては一定の保守主義的含意をもつと思われるかもしれない。しかし、それが熟議民主主義の代替物ではなく、相互補完物であると考えれば、そこに曲解された自生的秩序論に基づく「神の見えざる手」にすべてを任せる(スミスとは本来無縁の)市場至上主義が必然的に陥る「失敗」の場合と同様の心配をする必要はないのではないだろうか[38]。たとえば、ヒュームが抵抗権について論じる際の一見すると奇妙な以下のような言明、すなわち「人類の意見は、あらゆる場合に何らかの権威をもつ。とはいえ、人類の意見は、この場合には、完全に不可謬である」という文章は、それを時間軸におけるコンヴェンションの生成という観点からの解釈の可能性からしても検討に値するものであると思われる[39]。

また、「(サロンなどにおける)時代的、地域的制約を受けた会話から、グローバルに拡がった現実の諸相に対して「一般的で不変の基準」が提案されるとしたら、空恐ろしい気がする」との指摘をいただいたことがあるが[40]、これに対しては特定の時間空間におけるサロンでの会話で「一般的で不変の基準」が直ちに形成されるなどということはありえないとだけ答えることができよう。会話は、何らかの結論を「提案」するためのものではないと言ってよいかもしれない。むしろ、倫理学理論に対して、問題をインプットすれば直ちに答えがアウトプットされるようなものだけを求めることは、もはや信頼することのできなくなった歴史哲学という産湯を倫理学から排除する際に赤子まで流してしまう愚を犯すことになるのではないだろうか。倫理を考える時に時間軸を考慮に入れるということは、必ずしもなんらかの歴史哲学を前提にするということと同じではない。

ここで頭に入れておかねばならないのは、逆に先端科学技術に従事する人々の方が、この時間の流れを念頭においているのかもしれないということである。あまりにも革新的な技術開発(たとえば遺伝子組み換えや新しい生殖技術)に対して、人々が嫌悪の感情を表明することがあるが、科学技術の専門家の多くは、「最初は奇異に思われるかもしれないので感情的な反発があるだろうが、そのうち人々もそのような技術に慣れて受け入れてくれるようになるだろう」という信念をもっていることが多いように思われる。もちろん、コンセンサス会議のように科学技術における「倫理問題」をめぐる真摯な「議論」が、特定のテーマに関して特定の時間空間において専門家を交えて行われることもあるし、それはそれで重要なことであるには違いないのであるが、会話の場としての公共圏が衰退しているところでは、「素人」は「慣れさせられる」だけの存在になっているともいえるだろう。

さらに、先に触れたJ・S・ミルによる「多数者の専制」という「公論」への批判についても、公論が自由を制限する、つまりそれが人々の自由な言論に対する不寛容を生み出すというのがその理由であったことを考えれば、会話にとって不寛容こそがその楽しさの敵であると、さしあたって答えることもできよう。むしろ(論証や説得による多数派の形成を目的とする)議論とは異なり、会話において多数性は問題にならないといったほうがいいかもしれない。もちろん、多数者の専制、少数者の抑圧とよぶべき事態が存在しうることは確かであり、それにはそれで何らかの対処が必要であるのは言うまでもない。しかしそれは会話というものの本質に直接起因するものではないのである。むしろ、ミルの危惧とは逆に、会話の場の貧困化こそが、現代において支配的な科学技術の「声」(オークショット)に慣れさせられた声なき「多数者の専制」を生みだしているとさえ思われる(41)。

6　会話の倫理学の試金石としての「ひきこもり」

しかし、ここでもまだ排除問題は残る。それは、参加したい人を排除する明示的な排除ではなく、参加したいと思わない人、つまりは広い意味での「ひきこもり」(social withdrawal)の存在をどう考えるかである。現代哲学において流行の「他者論」においてクリシェとなっている次のような表現、「他者とのコミュニケーションとは、他者のよびかけに対する応答(response)であり、その意味における責任(responsibility)の引き受けに他ならない」を見てみよう。さらに、「他者の「顔」の前で、主体が不可避的に直面する絶対的受動性としての無限の責任」(レヴィナス)などと言われることすらある。心優しき「ひきこもり」たちとは、こうした厳しい「責任」の引き受けというコミットメントを(積極的な拒否ではなく)ただただ躊躇する存在なのだ。これを「道徳的悪」であると断罪することは、はたして可能であろうか。彼らにとって会話が「楽しくない」のは、彼らの側の問題なのであろうか。一見すると「広場恐怖症」(agora phobia)という名前を与えられた少数の「病理学的問題」であるかに見えるこの問題のなかに、ひょっとすると「会話の場としての公共圏」を再考するヒントが隠されているかもしれない。

会話というものを少しでも注意深く考えたことがある者であるならば、それがいかに脆弱な基盤の上に立ったものであるかがわかるはずである。それは、バスの中で席を譲ろうとする際の困難、あるいは雑踏や暗がりの狭い道で衝突せずに行き交うといった「離れ業」に例えうるものでもある。会話は、通常考えられている以上に(たとえばＡＩにとってそうであるように)困難な作業なのであり、その困難さのゆえに楽しさもあるともいえる。しかし、この困難さに耐えられず、それゆえその楽しさをも放棄する人々が数多くいることもまた事実なのである。

今のところ、そうした「問題」をまともに視野に入れた規範理論は皆無に近い。しかし、彼／彼女らをフリーライダーとして非難するのではない理論が要請されていることは間違いない。純粋に理論的には、会話の困難さ(そして楽しさ)を理論的に解明するという作業がある。また、経済的理由から会話場としての公共圏(たとえば居酒屋)に行くことができないが故に、部屋に閉じこもらざるをえないという「格差問題」の検討ももちろん必要であろう[42]。さらに、精神医学的な研究がまったく不必要であるわけでもない[43]。いずれにせよ、これまでの公共圏に関する規範的議論の多くは、現代における公共圏の「衰退」を嘆き、告発しこそすれ、その具体的な「再興」の方向を示すことができないでいるように思われる[44]。本章は、そのための倫理学という観点からの予備的な考察にとどまる。

第八章　無知と寛容と信頼と

社交というものを倫理学的観点から論じる際に、重要になるのが「寛容」ということであることは確かであろう。しかし、なぜ「寛容」が要求されるのかについて考える際に、まずもって問われるべきは「無知」という、より基本的な問題であるように思われる。先に第二章で取り扱った、コードの共有に関するパラドックスは、要するに相手の想定しているコードに関しては、共有知識、あるいは相互知識の観点からして、原理的にはその初期条件において無知であらざるをえないということであった。ここでは、この無知ということについて、今少し論じてみたい。

哲学は、ソクラテスに（若干の誤解を含みつつ）帰せられてきた「無知の知」という深遠な洞察から出発したにもかかわらず、「正当化された真なる信念」という知識の古典的定義に基づくその基本ラインは、正当化の「方法」を、とりわけ認識論的に磨き上げることに腐心してきたといってよい。「知的直観」や「現象学的還元」、「経験的検証可能性」などによる「知の根拠づけ」の伝統である。もちろんいくつかの例外もあり、懐疑論の伝統もまた、古代より存在し続けている。しかし、それとても「正当化という方法に基づく真なる信念の根拠づけ」の可能性の否定を、（強弱の程度あるいは適用範囲の差こそあれ）主張するものであり、その意味では伝統的な知識論とコインの両面を形成しているにすぎない。無知そのものを積極的な観点から哲学的に吟味する伝統は、ある意味では希薄であった。伝統的な哲学においては、無知は、何らかの方法によって解消されるべき否定的な事態でしかなかったのである。知識に関する古典的な定義に対する現代的な反論は、英米の分析哲学においては有名なゲティアの反例をはじめとして数多くあるが、これらもまた、ある程度は脱認識論的方向性をもっているにせよ、それが伝統的知識論とは別の「知識」論であることには違いはない。本章では、そのような新しい「純哲学」的営為に敬意をはらいつつも、もう少し直截に寛容の前提としての「無知」ということを考えてみたい。

1　ハイエクと「無知」

ハイエクは、邦訳『哲学論集』の監訳者である嶋津格が言うように、哲学者としてこそ評価されるべきであるだろう。それは彼が、ヒュームやスミス、あるいは同時代のＭ・ポランニー、Ｇ・ライルといった哲学者たちの強い影響下で自らの経済思想を彫琢していったという理由だけではない。本書には、ノーベル経済学賞受賞者のハイエク、そして（誤って）市場原理主義的な「ネオリベラリズム」の祖とされるハイエクに対する関心はない。われわれにとっては、彼が、まれにみる「無知」についての哲学者であったということだけが唯一重要な点である。先走っていうならば、われわれが本質的に克服不可能なほど無知であるにもかかわらず、さまざまな領域、局面において「どうにかうまくやっていく」可能性の条件への探究が、会話と社交の倫理学という新しい領域の開拓にとって必要であると思われるのである。こういってよければ、無知は会話と社交の倫理学の出発点として必須の論点である。

通常ハイエクの無知論は、「設計主義的」(constructivist)合理主義に基づく計画経済への批判根拠として知られている。しかし、その射程は政治経済に限定されるものではない。ハイエクが、「根源的無知」(radical ignorance)、あるいは「修復不可能」(irremediable)な無知とよぶ事態は、かんたんにいえば、複雑な環境下における個々の人間の認知的限界を示すのみならず、その行為の意図せざる結果に関する必然的な予測不可能性を意味している(1)。これを、論理学におけるゲーデルの不完全性定理と結びつけるハイエク自身の（怪しい）言明や、量子力学における観測問題に関わる不確定性原理と関係させる（眉唾ものの）議論もあるようだが、ここではその是非を検討する余裕も能力もない。

ただ、ハイエクが統計学というもののもつ原理的限界を意識していたことは確かである。ハイエクによれば、統計学は、ある集合における個々の要素に関する情報をその数的頻度に還元することで複雑性の問題を回避するけれども、諸要素間の関係という問題に対処することはできない。「統計学が、有機分子のそれほど高度ともいえない複雑性をもつ構造でさえ、解明しうるなどとはおそらくだれも真面目には主張しないだろう」とするのがハイエクの見解であり、(2)素人くさい誤解を恐れずにいうならば、物理学における統計力学的問題系は確率統計学そのものだけによっては解決不可能だということにもつながる問題であるかもしれない。

ハイエクにとっての無知の問題は、彼が好意的に引用するポパーの「世界について多くを学べば学ぶほど、学問が深まれば深まるほど、われわれがなにを知らないかについての知識、つまり無知の知は、それだけ意識的に、精密に、そして明晰になっていく」という事実についての素朴な指摘、あるいは知の専門分化にともなう必然的な知の分散化の問題にとどまらない。彼の根源的無知に関する議論の出発点は、異色の「心理学」書である『感覚秩序』に求めることができる。

一九二〇年代に草稿が執筆されたといわれるこの書物(公刊は一九五二年)は、多くのハイエク論において無視されてきたが、最近では、森田雅憲の労作をはじめとして、これをハイエク哲学の理論的出発点とする研究は多くなっている。(3)森田の要をえたまとめを借りるならば、『感覚秩序』の論点は、「主体を取り巻く環境の複雑性に対して主体の神経科学レベルの情報処理は完全たりえないという生命一般に課せられた厳然たる制約の下で、生物が系統発生の過程で獲得した認知の方法は分類と学習である」ということになる。閾値やパターン認識というものの存在がそれを端的に示しているが、原理的な説明としては、「われわれが確立しようとした前提は、どのような分類の装置でも、分類される対象がもっているよりも一層複雑な構造をもっていなければならないことである。また、したがって、説明するものの能力は、それ自身よりも複雑でない構造をもった対象に限られなければならないことである。これが正しいならば、どのような説明の主体も、自身のような対象、あるいは、自身と同程度に複雑な対象を説明することはできず、したがって、人間の脳は、脳自身の働きを充分に説明することはできない」ということをあげることができよう(4)。

こうした無知が根源的であるにもかかわらず、われわれが「どうにかうまくやってゆく」ことができる理由、つまり、複雑な環境のなかで情報処理の負荷を軽減しつつ生活することを可能にする方策は、『感覚秩序』の段階では「分類と学習」とされていたが、後には、それは「規則」というものの役割として議論されることになる。しかし、その前に、ライルの「遂行方法知」(knowing how)と「論述内容知」(knowing that)の区別、さらにはポラニーの「暗黙知」(tacit knowing)の概念をハイエクが摂取同化していることについてふれておく必要がある。

これらの概念は十分に有名であるから、ここであらためて解説する必要はないであろう。ただ、それらのハイエクによる受容が、無知の理論と規則の理論をつなげるものであったということは注目に値する。つまり、「暗黙知」や「遂行方法知」といったことは、明示的に言表不可能であるような規則、あるいは「論述内容知」にはなりえないような規則にも他者と共同で従うことの可能性を与えるものなのである。ライルの「遂行方法知」の実例としては、しばしば自転車の乗り方や泳ぎ方とその言語的伝達の困難さということがあげられることがあるが、ハイエクによれば、こうした規則も、明文化された規則同様に共有されることが可能になるものと考えられている。それはいかなる意味での共有なのか。行為環境の複雑さとそれに対する無知は、その環境に自分と同じ自由意志をもった他人が存在するとき、爆発的に増大する。これは、先にふれた、パーソンズ、そしてルーマンが「他者の意図の予期に関する自分の意図の他者による予期を自分がまた予期し……」という原理的な無限遡行に関して述べた「二重の偶有性」(double contingency)という事態でもある。

この問題に対するハイエクの解答の鍵こそが、ポランニーに由来する後期ハイエクの中心概念である「自生的秩序」(spontaneous order)なのだが、その淵源は、前章で扱ったヒュームのコンヴェンション概念にある。ヒュームによって「共通利益の一般的感覚」であるとされたコンヴェンション概念については、有名なボートの例をあげることができよう。「われわれ各々の諸行為は他者の諸行為と関連している、つまり、なんらかのことが他者の側でも遂行されるはずだ、という想定に基づいて遂行されるからである。たとえば、一艘のボートのオールを漕ぐ二人の人物がいる。彼らはオールを、合意すなわちコンヴェンションによって漕ぐのであって、互いに約束を交わしていたわけでは決してないのである(5)」という『人間本性論』におけるヒュームの議論は、ハイエクによって、「人間の行動の結果ではあるが、人間の計画の結果ではないもの」としての自生的秩序論へと発展させられる。

そこでは、すでに『感覚秩序』において言及されていた「分類」と「抽象」の機能が、「人間が完全には理解しえない現実を処理できるようにしている知性の不可欠な手段」、「知の産物というよりはむしろ知性を構成するもの」としての抽象の役割として強調されるようになっている。「抽象的なるものの先行性」や「規則・知覚・理解可能性」といった論文においては、抽象は、「あまりに低いレベルで進行しているからではなく、あまりに高いレベルで進行しているから自覚していないもの」であり、「意識過程のなかに現れることなく意識過程をコントロールする」ものであると言われるそれは、「潜在意識」ではなく「超意識」(super-conscious)とすらよばれている。(6)

こうした無知に基づく自生的秩序論には、もちろん多くの批判が存在する。たんに「保守主義」と切って捨てるものや、ハイエクが安易に導入しているかにみえる進化論的議論、とりわけその集団淘汰論に対する批判は数多くある。しかしここでは、哲学として見た場合に、ハイエクが(あたりまえのことだが)経済学をモデルにしているがゆえの問題点を指摘しておきたい。ハイエクにおいては、雑多な選好をもつ異質な他者どうしが市場における自由競争のなかで「カタラクシー」とよばれる自生的秩序を形成する際には、「価格」という明確で共通の伝達シグナルの存在が前提となる。つまり、価格という具体的シグナルの存在によってはじめて、自分がもたない他者のもつ知識を利用しつつ、ある種の「合意」が可能になるのである。

これに関しては、まず、ゲーム理論のいわゆる「囚人のジレンマ」、つまりは、合意の結果としてのナッシュ均衡(他者の戦略が変わらない時に、自分だけが戦略を変えても利得が増えないような戦略の組み合わせ)ということが必ずしもパレート最適(誰かの利得を減らすことなしに他の誰かの利得を増やすことができない状態)にはならないという、よく知られた問題をあげることができる。しかし、これは、それこそ新しい進化ゲーム理論によって純理論的には考察可能な問題であろう。ハイエクが、「均衡」といういかにも経済学的、あるいはゲーム理論的用語の代わりに連続プロセスとしての「秩序」という概念を好んだことにも注意しておくべきである(7)。

むしろ問題であるのは、ゲーム理論においては、あまりに素朴に「利得」という一般的な数的概念が設定されていることなのではないだろうか。ハイエクに関していえば、価格や利潤という明確なシグナルをもたない、より雑多なシグナルが複雑な関係のなかで存在している日常の生活実践において、いかにして無知から自生的秩序が発生するのかということが問われるべきであろう(8)。たとえばハイエクにおいては(そしてヒュームにおいても)、「快楽計算」のベンタムとは異なって「快」はそのような計算可能な伝達シグナルとして考えられてはいない。またこれは、厚生経済学的なハイエク批判の常識としての「市場の失敗」という問題との関連で、市場以外のコミュニケーションを始めとする共同実践の領域においてはどのような「失敗」がありえるのかという「失敗論」一般の必要性ともつながる問題であるかもしれない。

2　無知とメタファー

認知言語学者G・レイコフと哲学者M・ジョンソンの共著である『肉中の哲学』における議論のなかには、おどろくほどにハイエクの主張と似ている部分がある。九〇年代以降のレイコフの仕事は、晩年のハイエクのそれと同様、そもそもの専門領域をはるかに逸脱しているといってよい。後期ハイエクの諸論文のほとんどは、現在の経済学の専門ジャーナルであれば門前払いになるであろうという笑話があるが、同じことが最近のレイコフにもいえるのだろう。しかしそのことは逆に、彼らの既存のディシプリンにとらわれない哲学者としての可能性を示しているともいえるかもしれない。『肉中の哲学』という、不必要なまでに分厚い書物の基本主張はきわめて単純である。「心は本来身体化されている」、「思考はたいてい無意識のものである」そして「抽象的概念は大幅にメタファー的なものである」という三つがそれである。[9]

このうち、無知ということに関してまず重要なのは、二番目の主張、すなわち「認知的無意識」とレイコフとジョンソンがよぶ事態である。認知的無意識とは、思考が認知的な明晰さよりも下のレベルで働いているものであり、それゆえ意識には到達不可能であって、またそこに焦点を当てるにはあまりにも速く作動しているという意味での無意識のことを指しており、ハイエクの場合と同じくフロイト流のそれとは無関係である。『肉中の哲学』においては、認知科学の成果に基づいて、「意識的な感覚的体験が生じることを可能としている、膨大で複雑な全体的プロセスの部分としてのひとつひとつのニューラルプロセスに、われわれが気づくことは不可能である」とされる。これが、『感覚秩序』に端を発し、後の自生的秩序論に至るハイエクの無知論と共通しているのは確かであろう。レイコフら「身体化された心」派の批判する対象が、功利主義や第一世代認知科学における記号計算主義であったことと、進化理論への傾倒ということを考えれば、この類似性は、いっそう明らかとなる。

この認知的無意識ということに対応するのが、三番目の主張のなかにある「抽象」ということである。例えば、人間の眼は百かける百万の光感覚細胞をもっているが、脳につながっている神経繊維は百万だけにすぎないとされている。それゆえ、細胞に対する刺激は、その複雑さにおいて百分の一に減少されねばならない。そこでおこるのが、ニューラル・カテゴライゼーションという、当然に無意識での抽象化である。これも『感覚秩序』における議論とほぼ同じであろう。

そしてレイコフらは、このニューロンレベルでの抽象化の議論を、人間が複雑な環境に対処するために進化的に獲得した、身体にその基礎をもつメタファー、たとえば上下、前後、遠近、内外といったことに関わる基本メタファー群の考察へと飛躍させ、さらにそこから一挙に哲学史、分析哲学、そして道徳哲学のすべてがメタファーによって成り立っているのだと喝破する。その執拗なまでの記述には伝統的な哲学のトレーニングを受けてきた者としては苦笑せざるをえない面も多いが、ここではその逐一の検討が重要なのではない。ただ彼らの主張が、メタファー的であるからダメだとここで言いたいわけではないという点には注意が必要である。われわれは、複雑な環境に対応するためにはメタファーを利用せざるをえないのであって、それを使ったり使わなかったりする選択の余地はない。したがって、メタファーを「字義通りのもの」や「超越論的自我」に「還元」したりすることによって解消することはできない。ここでは、メタファーの存在は、われわれの本質的で修復不可能な無知ということを意味していると解釈すべきであろう。

これから導出可能な教訓、そしてそのいくつかはレイコフらも気がついてはいない教訓がある。まず、彼らが気づいてはいない面であるが、「すべてはメタファーである」という主張は、よいメタファーと悪いメタファーがあるということを排除しないし、一貫しているかどうか、つまり使用されているメタファー群が斉合性をもったものであるかどうかに関する評価も可能である。そして、そのような評価方法は、伝統的な哲学研究においてなされてきたものと、それほど違ったものではないだろう。

そうするとレイコフらの言いたいことは、自らの主張がなんらかのレベルにおいてメタファー的であることに対する自覚の有無の重要性ということになるのかもしれない。これもまた、メタファーのさらなる研ぎ澄ましといった連続的営為と結びつくことで、哲学そのものの発展を否定するものではなかろう。たとえば、レイコフらが揶揄する知や道徳の「究極の根拠づけ」に対する哲学的努力は、いわば錬金術のようなものでしかなかったのかもしれない。しかし、錬金術が豊かな化学的探究の成果につながったのと同様に、究極の根拠づけに関する論争もまた、幾多の応用可能性を秘めた知見へとつながっていったといえるのではないだろうか。おそらくレイコフらも、この点を否定はしないだろう。

もうひとつの教訓は、より具体的で、かつ無知の問題と関係するものであり、これについて論じることで本節のむすびに代えたい。レイコフらは、『肉中の哲学』の末尾近くにおいて、「均衡」という用語や「合理的選択モデル」の使用に関するメタファー性についての議論を行い、それを環境問題とつなげて論じている。市場が均衡と合理的選択のモデルによって一次的に構造化されているとき、このモデルにおいて環境は資源としてのみみられている。そして、たとえ環境破壊がおきたとしても、それは企業にとってのビジネスチャンス（環境ビジネス！）であり、ひいてはそれに対する対策費用によってＧＤＰを増大させるものでしかない。しかし、レイコフらによれば、生活の一領域を「合理的選択」と一致させようとすることは、メタファー群の特定の組み合わせの鋳型に生活を強制することである。そして、それはほとんどの場合において「悪い」方向へとわれわれを導く。自然が、企業利益や一国家のＧＤＰの最大化のために資源とみなされたときにおこる結果はモノカルチャーであることが多く、これは生物多様性とその多様性の上に築かれた生活の様式を破壊する。こうした問題は無知ということの意味と深く関わるのみならず、コミュニケーションということとの関連では先に触れたオークショットの「声」の議論とも結びつきうるものであろう。

D・タカーチは、『生物多様性という名の革命』において、生物多様性の問題に対処する際に、いかに無知ということが重要であったかを論じている。[10] 初期の保全生物学や環境思想においても「生物学的多様性」(biological diversity)に対する関心、とりわけ絶滅危惧種に対する関心は少なからずあった。しかし、生物学者たちの科学的探究は、「いったい地球上にどれだけの生物種がいるのか」、そして「どれだけの生物種が絶滅の危機に瀕しているのか」についての確実な答えを見つけられずにおり、「どの種を救い、どの種を見放すのか」についての「ノアの選択」問題もあいまって、科学的な知見に基づいた具体的な政策決定を困難なものにしていた。

しかし、W・G・ローゼンが「生物多様性」(biodiversity)という語を「発明」して以降、この困難は解消されつつあるかにみえる。ローゼンは、生物多様性という語の由来を、なかば冗談めかして「〈biological diversity〉という語から〈logical〉という部分を取り除いただけだ」と言っていたらしいが、タカーチは、「生物多様性」という用語は生物学者たちに自然界についての知識が欠けていることの象徴であり、しかしそのことがかえって、人文・社会科学者をも巻き込みつつ、生態系としての地球環境に対する全体論的なとりくみを可能にしたのだとしている。

もちろん、こうしたキャッチフレーズめいた用語によるキャンペーンには、批判も揶揄も存在する。しかし必要であったのは、科学的な厳密さの欠如としての無知を克服するということより、むしろ無知であるがゆえにこそやらねばならない行動の必要性であったのだ。タカーチは、いつ何に使うのかわからない部品のセットを保存しておくのが賢い修理屋だとする、環境倫理学の始祖たるA・レオポルドの言葉を引用している。これは、かつてレヴィ＝ストロースが『野生の思考』において近代科学的思考と対比させたブリコラージュという考えとも通じるものだといえるかもしれない。

最近の環境政策学、環境倫理学においても、未来が科学的確実さにおいて予測可能であるからではなく、むしろ予測不可能であるがゆえにこそ何らかの措置を必要とするという「予防原則」(precautionary principle)ということが重要視されるようになってきている。本書では扱いえなかったが、ハイエクと同じくノーベル経済学賞受賞者のH・サイモンが、推論能力や知識に制約があるという事実を合理的意思決定や問題解決の議論の前提とすべきだとして主張した「限定合理性」(bounded rationality)の概念もまた、こうした事柄と深く関係するものであろう。(11)

二十世紀後半に爆発的な発展をとげた科学技術がわれわれにつきつけているのは、知の増大ということではなく、むしろこうした無知の存在の顕在化なのではないだろうか。大規模かつ高性能な検索エンジンの存在によって、電子ネットワークのなかに存在しないものが、あたかも世界の中に存在しないもののように扱われる誤謬が蔓延しつつある現在、無知ということの意味を再考し、われわれがそれをどのように飼い慣らしているのか、飼い慣らすべきなのかを問うことは、重要な意味をもっているというべきであろう。

3　無知と寛容と時間

第七章で、その社交の哲学者としての側面に触れたカントには、「哲学における最近の高慢な口調」という晩年の小論があり、今からみてもたいへん面白い議論が展開されている。そのそもそもの目的は、プラトン哲学を神秘主義的な知的直観の哲学として解釈する当時のドイツにおける流行を戒めることにあったのだが、その際にカントは問題を一挙に解決しようとする態度をこそ「高慢」とよび、哲学の営みが多くの段階を上っていく時間のかかるものであるということを強調している[12]。自らはすでに十分な時間と手順をかけたという自信からか、論文の後半における老カントの「口調」には若干の「高慢」さが感じられなくもないのだが、哲学が時間のかかる仕事であるとの主張は大いに首肯しうる。倫理学なるものが高慢さと無縁であるためには、この時間ということを真面目にうけとめるべきであろう。すでに述べたように、啓蒙もまた複数の人間が自由な社交を時間をかけて継続することによってのみ可能になるということを示しているように思われる。

高慢の対義語は謙虚であるが、社交という場面においてはそれは寛容となろう。寛容については、ラブルースの「宗教的寛容」(『西洋思想大事典』)にみられるように、十八世紀初頭までは、それが「悪に対するだらしのない容認」という非難の語であったことがしばしば指摘されている。[13] しかし、ボシュエ神父などの一部のカトリックに代表されるようなこの宗教的不寛容は、もちろん啓蒙の時代において時代遅れのものとなっていく。これは、通常ロックの『寛容書簡』に代表されるように、個人の宗教的帰属問題を内面的、あるいはこういってよければ私的な領域に限定し、それと政治的、公的領域を区別するという、現代に至るまで続く近代社会の機能分化のプロセスであった。ただこれは、厳しい宗教的不寛容にさらされた少数者には武装蜂起の道しかなく、その結果宗教的不寛容が、最終的にはユグノー戦争や三十年戦争などの悲惨な殺し合いを産み出さざるをえなかったということに対する反省からくる、ある意味実践的、実用的解決であったにすぎなかった。実際、「悪に対する寛容はどこまで許容しうるか」とか「不寛容に対しても寛容であるべきか」といった純理論的な倫理学的問題は、現在に至るまで持ち越されていると言わざるをえず、S・ソンタグやM・ウォルツァーをはじめとする現代の論客によって飽くことなく議論されつづけている。

しかし、社交やコミュニケーションという場面においては、寛容は必ずしも通常の意味での倫理的徳を意味するものではなくともよいように思われる。第五章で扱った、デイヴィドソンの「善意解釈（寛容、寛大）の原理」(principle of charity)を考えてみればよいだろう（ここでは'tolerance'と'charity'の概念的差異についてはこだわらない）。デイヴィドソンにおいては、寛容は、コミュニケーションの成立のために「強制された」条件として考えられている。これは、「理解したい」という欲求がある限り、さしあたっては相手の話していることのすべてが真であるとする前提に立たねばならないという絶対的条件のことである。ここでは、寛容にならざるをえない理由が、コミュニケーションの相手が何を考えているのかについては、さしあたっては無知である点に存するということが重要となる。相手がどのような規則(あるいはコード)に従って発話を行っているのかについての理解においては、自分の規則選択の偶有性が相手の選択の偶有性と二重になることによって、相手の自己に対する予期をも予期せざるをえないという、既に第二章で触れた「二重の偶有性」(double contingency)という事態が発生することはよく知られているだろう。いわゆる「相互知識問題」である。

日常的な場面では、共有されたさまざまな制度的規整の存在によって、この二重の偶有性は事実的には解消されているといってよい(サールの言語行為論は、まさにこの点にのみ依拠している)。しかしそれでもこの問題が制度なるものによって原理的に解消されるわけではないことも確かなのである。デイヴィドソンの「善意解釈(寛容)の原理」は、この問題に対する原理的な、あるいは超越論的な解法なのである。着目すべきなのは、コミュニケーションの出発点においてある種の無知が必然的に存在し、そのためにこそ寛容が要請されるということであり、さらには、寛容を出発点としたコミュニケーションにおいて意味の共有が時間をかけて達成されるということである。

無知と寛容と時間という三題噺は、驚くべきことに、啓蒙の時代以前の宗教改革期に生きたセバスティアン・カステリョという人物のなかにも見いだすことができる。日本で唯一ともいってよいカステリョ研究家の出村彰の解説によれば、一五五四年に偽名で出版された『異端は迫害されるべきか』と題された寛容論の源流ともよぶべき著作においては、キリストの再臨と最後の審判を待つキリスト者は、「中間時」を生きる「暫定的」存在であり、そこにあるべき「時の間」(interim)の倫理として、自己を絶対化して異端を断罪する高慢さではなく、究極的判断の留保に基づく自己相対化の倫理というべきものが説かれている[14]。この驚くべき先進的な議論は、カトリックの不寛容の道徳性を誇り、「私にはあなたを迫害する権利がある。なぜなら私は正しく、あなたは間違っているからだ」と十七世紀末に断言したボシュエ神父の『プロテスタントへの警告』に対しての(不寛容が悲惨な結末をもたらすという現実的、実用的反論と深く関わるにしてもまた異なった)理論的な反論となっている。

神学的背景を無視するならば、こうした見解は、先にあげたラブルースの、「(思想の進化とは)過去から受けた聖なる遺産としての絶対的真理の概念から、探究の目的としての、文化進化の用語でいう不断の再定式化としての真理の概念に移ること」であり、そして「常に近似的、相対的なものであるこの再定式化は、人間の心の弱さと徹底した無力さについての鋭い認識とともに、ますます穏当な不可知論を含んでいる」という指摘ともつながるであろう。

詳しい検討は措かざるをえないが、以上のような寛容に関する考察は、数土直紀が鋭く分析しているように、パーソンズの提出した「ホッブズ問題」の現代バージョンであるともいえる「囚人のジレンマ」のゲーム問題とも深く関係しているとも思われる[15]。繰り返しの、すなわち時間軸におけるゲームにおいては、相手が裏切らない限り自分も裏切らず（つまり最初は根拠なく協力し）、かつ一度裏切った相手が協力に転じたならば過去の裏切りは水に流して、また新たに協力を開始する「しっぺ返し戦略」が最も安定した戦略選択となるというアクセルロッドの実験結果は、（異論もあるようだが）寛容が徳目というよりは必然的に要請されるものであることを示しているともいえるかもしれない。この点は、進化倫理学の問題系ともつながる問題であろうが、ここでは示唆するにとどめざるをえない。(16)

4　寛容の時間的プロセスにおける信頼

さて、寛容が社交やコミュニケーションにおける時間軸のなかで考えられねばならないとすれば、それは信頼のプロセス以外にはないであろう。信頼論の原型として今なお言及されることの多いジンメルは、『貨幣の哲学』や『社会学』において、「完全に知っている者は信頼する必要はないが、完全に知らない者は決して信頼することはできない」とし、信頼を知と無知の「中間状態」であるとしている。そして、コミュニケーションとは、まさにこの中間状態においてのみ成立するものなのである。(17)（これはガダマーの解釈学における「近さと遠さの弁証法」という発想にもつながる洞察であろう。）

さらにジンメルによれば、個々の場面において発動する信頼は、その基盤として他者に対する無条件的でより原初的な信頼（それは「信仰」とすらよびうる）をもっている。貨幣の流通というコミュニケーション形態においても、今日通用した貨幣が明日も通用すると信じる、まさに無根拠な帰納的知識としての信頼（信仰）に基づいて、目の前の見ず知らずの他人を信頼した商取引がなされるというわけである。[18]

このジンメルの信頼論は、現代に至るまで、Ａ・ギデンズ、ルーマンといった著名な社会学者たちによって批判的に発展させられているが、ここではまずコミュニケーションという観点から、エスノメソドロジーの創始者として知られるＨ・ガーフィンケルの議論に触れておきたい。[19]

ガーフィンケルは、論文「安定した協同行為の条件としての「信頼」の概念、及びそれに関わる実験」において、エスノメソドロジストならではの違背実験（通常の文脈ではありえない受け答えをすることで相手を混乱させ、日常の相互行為において人々が暗黙のうちに依拠しているルールを明るみに出す実験）を行った。[20]これは三目並べという単純なゲームにおいて、実験者が被験者の指した「手」を故意に動かす規則違反を行った際の被験者の次の行動を記述するものである。

ここでの「違背」は、当初被験者がもっていたであろう「信頼」、すなわち通常の三目並べの規則が実験者にも共有されているであろう期待が裏切られる事態を指す。この共有を秩序形成の条件とするのが、いわゆる「ホッブズ問題」に対するパーソンズの解答であった。

細かいデータの分析は措くが、これに対してガーフィンケルの得た実験結果は、規則違反が直ちにゲーム秩序の崩壊に結びつくわけではないというものであった。つまり、被験者のかなりの数が、さほど混乱することもなく、当初自分が信じていた「相手の手を動かしてはいけない」という規則を放棄し、「相手の手を動かしてもよい」という新しい規則の採用によるゲーム秩序の維持を図ったのである。（私自身も講義中にこの実験を受講者相手にやってみたのだが、受講者のひとりは、にこりと微笑んでみごとに私の手を動かした。）

ここからわかることは、相互行為、あるいはコミュニケーションを支えているものは既存の規則への信頼なのではなく、より根底的なところではたらく別次元の信頼であるということである。（余談だが、浜日出夫自身は、当日のシンポジウム報告において、コンビニエンスストアで雑誌をレジにもって行き「温めてもらえますか」と言わせるという自分のゼミ生に行わせた違背実験の結果について、「ああ、何かの罰ゲームですね。僕も同じようなのをやらされたことあります」と動ぜずに応答した店員の例を挙げていた(21)。）

この実験結果およびガーフィンケルの解釈が、これまで述べてきたデイヴィドソンの「寛容」論やジンメルの「信頼」論と符合するものであることは明らかであろう。相手の依拠している規則が自分のそれと異なっているということを知った場合、つまり相手の従っている規則に関して自分が無知であると気づいた場合であっても、無根拠とさえいえる根底的な信頼の存在さえあれば、ゲーム、すなわちコミュニケーションの秩序は維持されうるのである。ここで注意すべきは、この信頼の成立条件が、コンビニの店員相手の例をみても、必ずしもＢ・ウィリアムズなどの徳倫理学者、あるいは共同体主義者が言うような「濃密な関係性」なるものにあるのではないということであり、したがってここで述べてきた信頼は、寛容の場合と同じく、通常の意味での徳目ではないということである。

最後に、このことを現代の信頼論の白眉でもあるルーマンの議論と関連させてみよう。ルーマンの著書『信頼』には「社会的な複雑性の縮減のメカニズム」という副題がつけられている。(22) このルーマンの社会システム論を代表する「複雑性の縮減」の概念こそは、信頼の問題が無知の問題と深く関係していることを示している。「人格的信頼」と「システム信頼」に分けられるルーマンの信頼概念については、高度に複雑化した近代社会においては、とりわけ後者が重要であると解されることが多い。社会システム論としては当然のことではあろうが、ここでは、すでに人格的信頼のレベルにおいても、これまで何度も述べてきた「二重の偶有性」に起因する、縮減されるべき根源的な複雑性が存在しているという点に注目したい。

繰り返しになるが、「二重の偶有性」とは、「自己の選択の偶有性が他者の選択の偶有性と二重になることによって、他者の意図の予期に関する自分の意図の他者による予期を自分がまた予期し……」という無限遡行を引き起こすものであった。この概念を創出したパーソンズにおいては、このパラドックスはコミュニケーションの成立のためには解決されるべき存在であり、その解決法が価値の共有(後には役割期待の相補性)であった。これは、先にも触れた「ホッブズ問題」、すなわちいかにして目的合理的(功利的)に行為する平等な諸個人の間で社会秩序が形成されるのかという問題に対する彼の解答でもあるのだが、パーソンズの立場は、いうならばコミュニケーションの可能性の条件を秩序(価値の共有)に求める見解であり、第四章で触れたサールの立場とも共通するものである。[23]

これに対して、ルーマンの立場は、逆に秩序の可能性の条件をコミュニケーションに求めるものであるといえよう。つまり、ルーマンは「二重の偶有性」を、コミュニケーションの成立のために「消去」すべきものではなく、むしろコミュニケーションの可能性の条件として存在し、コミュニケーションを誘発するものであったのだ。第一部の各章で述べたことを振り返るならば、「共有知識」(規則の共有)がないからこそ、われわれはコミュニケーションをするのだということになるだろう。自己にとっての環境の複雑性を増大させる他者が、同時に協働して世界の複雑性を縮減する担い手でもあるという卓見こそがパーソンズとは異なったルーマンの独自性であるといえる。

しかしながら、この初期条件としての「二重の偶有性」がもたらす複雑性にわれわれがどう対応しているかという問題は残る。これに対するルーマンの解答こそが信頼であった。『信頼』末尾の「信頼が社会的な複雑性を縮減するのは、信頼が情報不足を内的に保障された確かさで補いながら、手持ちの情報を過剰に利用し、行動予期を一般化するからである」という文章がすべてを語っているといってもいいであろう。[24] また、信頼が「リスクを賭した前払いの問題」であるとされている点も、「信頼についての理論は時間の理論を前提にする」と言われるように、信頼が時間と深く関わるという意味で重要である[25]。

この、時間軸における無知と寛容と信頼という、われわれのコミュニケーションにとって必須の前提であり、すべての社会秩序の根底にあるものについては、本書における舌足らずの議論のすべてでは、すでに繰り返し引用した『人間本性論』におけるあまりに有名なボートの例によるコンヴェンションの説明に対する、稚拙な注釈の数々であるにすぎないといえるかもしれない。ただ、実際の社会における「信頼関係」の醸成には時間がかかり、そしていったん失われたそれを回復することが著しく困難なものであることは、とりわけ「リスク社会」における政治家や科学者たちと一般市民との関係の例をみても事実である。しかし、問題を一挙に解決しようとする「高慢」ではなく、自らの根源的な無知に自覚的となり、それが要請する本書でいう意味でのより根底的な寛容と信頼の必然性に目をむけることによって、現実問題としては危ういものでしかない事実的な寛容と信頼を時間をかけて醸成していくことが求められていることもまた事実であろう。その道に立ちふさがるであろう多くのアポリア、パラドックス、コンフリクトにひとつひとつていねいに応答していくことこそが会話と社交の倫理学の課題のひとつである。われわれは、ヒュームを越えてもう一歩だけ進まねばならない[26]。

終章　共在の倫理学へ向けて

1　「共生」と「共在」

本書の冒頭では「コミュニケーション」が流行語となっているという趣旨のことを述べた。しかし、現在では「共生」という語がその座を奪っているかの感がある。ここ数年、「共生科学」とか「共生人間学」とかいった名を冠した学部やプロジェクトが多くの大学で生まれている。コミュニケーションについて述べたのと同じことを言うならば、この概念は多くの領域で飽きるほど登場しており、そのことは、この概念が明晰ではないことを示してもいる。この流行の理由も同じく、現代においては「共生」が「欠乏／欲求」(besoin)の状態におかれていると考えられているからなのであろう。ここでは、この概念の非明晰さを言挙げするつもりはない。生物学的概念としての「共生」(symbiosis)の人文社会科学への転用もあれば、もともとは共食を意味する'conviviality'の訳語としての「共生」概念もある。さらには'co-existence'という語の使用もまた、多く見られる。また、ごく大雑把にみるならば、古今東西の多くのすぐれた倫理学書は、この語を直接使用しないまでも、何らかの仕方で人間の「共生」のあり方について説いてきたとさえ言えるかもしれない。

この意味では、本書も「共生」について何事かを言うべきなのであろう。しかし、世にあるさまざまな「共生」論の屋上屋を架す前に、ここではその大前提に立ち戻ることを試みたい。「共生」の大前提として提示したいのは「共在」ということである。会話や社交においては、とてもまだ「共生」とはよべないような人間関係が生じていることがままある。たとえば、旅先の外国のバーのカウンターで見知らぬ他人と偶然に隣り合わせたとしよう。双方が互いの母語を理解しえていないとしても、あるきっかけでなにがしかの会話がたどたどしく始まることはしばしばある。そこでの関係はとても「共生」とまではよびえないとしても、同じ空間と時間を共有しているという単純な意味において「共在」とは言いうるであろう。この現象としてはありふれてはいるがさしあたっては曖昧でもある概念について少し考えてみることにしたい。

まず手がかりとなるのは、「共在」概念をテーマにした稀有な研究であるといえる文化人類学者木村大治の議論である。木村は、その著書『共在感覚』において、ザイール（現コンゴ民主共和国）のボンガンドとカメルーンのバカに関する二つの民族調査に基づいて、まさにタイトルどおりの「共在感覚」という独自の概念を提示している。木村の言う「共在」（co-presence）は、木村自身による明確な定義がないゆえに一見するとつかみどころがなく、ただ

「一緒にいる」ことを漠然と意味しているかに思われる。しかし、この「一緒にいる」ということの内実を考えた場合、日本人とボンガンド、あるいはバカの人々の間には、例えば空間的距離や発話ターンのとり方など、一緒にいてコミュニケーションをするありかたに関して大きな相違が見られるが、いずれにおいても共通するのは、まさに「一緒にいるという感覚」、すなわち「共在感覚」なのである。つまり、「共在」しているから「共在感覚」が発生するのではなく、むしろ「共在感覚」があるがゆえに「共在」していると言うことができると考えるべきなのであろう。

もちろん人類学者としての木村の第一の目的は、この「共在感覚」の文化差の記述を行うことであるのだが、しかしそれは一方では「共在感覚」というものの存在の普遍性を示してもいる。木村ならば、この「共在感覚」という概念抜きに「共在」について語ることはできないと言うであろう。ボンガンドにおける木村の民族誌記述の一例をみてみよう。ボンガンドには男性だけが集まっておしゃべりを交わすためのロソンボとよばれる小さな小屋がある。以下は木村のインフォーマントであるセバという男性についての記述である。

ところが彼(セバ)がロソンボにいたとき、「一緒にいた」という人の中に、しばしばベチュル・エケンダという老女の名前があらわれているのである。この女性はセバの遠縁に当たり、身寄りがないのでセバの家の隣の、彼の弟の家で暮らしている。女性はロソンボに入らないはずなのに、一緒にいて話までしている。どういうことだろう、と思い、セバに尋ねてみた。すると意外なことに、彼はその老女はロソンボの中にはおらず、セバの弟の家の脇にある、さしかけの台所に座っていたというのである。そこからロソンボまでは二〇メートルもあり、しかもその間にはロソンボの土壁がある。そのベチュルのことを、セバは「一緒にいた」と記録していたのである。このとき私は、彼らの「一緒にいる」ことにかかわる感覚が、われわれ日本人のそれとはずいぶん違っていることに気づいたのである(1)。

これは、ボンガンドの人々にとっての「一緒にいる」という感覚が、通常われわれが想定するような空間的近接という事態とはかなり異なるものであることを示唆している。しかし、「共在感覚」が空間的近接とは無関係であると思われる例は、われわれの身近にもある。木村も同様の例を示しているが、電車の四人がけの椅子に三人の高校生と、まったく無関係の一人の中年男性が座っていたとしよう。男性は高校生たちの会話が面白いので聞き耳をたててはいるのだが、もちろん会話に参加しようなどとはしない。後に触れるE・ゴフマンの言う「儀礼的無関心」(civil inattention)である(2)。この場合、高校生たちは、この中年男性が、よもや自分たちの会話に乱入してくることや、さらには聞き耳をたてていることさえ予期してはいないだろう。ここでは、高校生たちにとってこの中年男性が「一緒にいる」という感覚をもっていないとみなすことは十分可能である。また中年男性の側は、聞き耳をたてているのだから「一緒にいる」という感覚はもっているのだが、その感覚を表面化するような行為はしない。高校生の一人の発話のあまりの面白さに思わずぷっと吹き出してしまい、視線が集中するような仕儀になった場合には、この比較的安定した会話場の構造は激変するかもしれない。この激変の可能性は、やはり空間的近接性にあるともいえるだろうが、以上の二例は、空間的近接性が共在感覚の必要条件でも十分条件でもないということを示していると思われる。

もちろん、古くは電話、現代では電子ネットワークを利用したコミュニケーションにおいては、この空間的近接性という問題はバーチャルに解消されているともいえる。しかし、二〇一九年に発生した「新型コロナウィルス感染症（COVID-19）」の流行によって、電子会議システムが、特定の主題について議論する会議や研究会だけではなく、オンライン呑み会のような社交の場として利用されるようになったとき、多くの人が、ある程度の「共在感覚」をもちえたとしても、特定の目的のための集まりである会議や研究会のときにはなかった違和感を感じていたことも確かなのである。この違和感を解消すべく、さまざまな工夫をこらしたソフトウェアの開発もなされてはいたが、どうしてもある種の不満が残るというのが大方の感想であろう。ここでは、この違和感そのものの解明に着手することはできないが、視線などを含めた身体性の問題や、オンラインの集まりでは同時発話が対面状況の場合以上に忌避されやすいといった事柄など、今後詳しい研究がなされることを期待したい。この違和感が、単に技術的なものに起因するものなのか、あるいは本質的なものであるのかについてはバーチャルリアリティということの設計にも関わる今後の問題であろう(3)。

もうひとつだけ例を挙げよう。バーのカウンターで隣り合った見ず知らずの二人がいるとする。この二人は面識はないものの、バーテンダーとの会話などを通じて隣席の人物がこのバーの常連客であることを互いに知っている(言うなれば、前章で述べたある種の「信頼」が双方にある)。この場面では、当初は二人の間での会話は行われてはいない。しかし、双方は自分とバーテンダーとの会話に隣席の人物が入ってくる可能性、さらには隣席の人物が自分に話しかけてくる可能性を、自分がそうする可能性とともに予期しており、かつそれを許容する準備があるということは十分考えられる。この場合には、実際になされる会話という意味でのコミュニケーションは発生してはいないものの、「一緒にいる」という感覚は双方がもっているとみなすことができよう。もちろん、この感覚が「片思い」である可能性、つまり実際に話しかけた場合に、同じ感覚をもってはいなかった隣席者に無視されたり、「話しかけないでください」とあからさまに拒絶されたりすることもあるのは確かである。

ここでの「失敗」の可能性は、相互予期ということにまつわるパラドックスであるかぎりにおいて、先にコードの共有ということに関して第一部第二章で述べたのと同型のパラドックスであることを示唆している。たとえば、バーで隣り合わせた客に今話しかけてもよいかどうかをその場で利用可能なさまざまなリソース(たとえばバーテンダーとその客との会話や、その客の自分に対する視線、あるいはその客が呑んでいるスコッチの銘柄、最近近所でおきた事件等々)を援用しようとしつつも逡巡している人物を想像してみられたい。コードの共有に関するパラドックスとは、予期の二重の偶有性によって「相手が同じコードをもっているということを自分が知っており、かつそのことを相手も知っており、さらにまたそのこと自身を自分が知っており……」といった無限の相互反照的な背進が、原理的には存在しているというものであった。ただ、コード共有のパラドックスは、コミュニケーションの最中あるいは開始点において顕在化するものであるのに対して、ここでの「共在感覚」に関わるパラドックスは、それ以前に存在するものであって、さらに言うならば、より基底的なものであるとすらいえるかもしれない。

もっとも「袖振り合うも多生の縁」というように、一切の予期のない状態でまったくの偶然からコミュニケーションが始まることもあるだろう。一般には、偶然と思われる出会いであっても、それは前世からの因縁によるものであるので大切にしなければならない、という仏教的な意味で使われるこの諺に対していささか強引な解釈をするならば、すべての可能的な他者との出会いを常に予期しておけという、無理難題のような指令によって「共在感覚」に関するパラドックスを回避させようとしているのだとも考えられるかもしれない。しかしこれは、現実の道徳的指令としては機能しえない。あたりまえのことだが、隣席の人に話しかけて迷惑そうな顔をされたときに「袖振り合うも多生の縁っていうじゃないですか」と言うことは「馴れ馴れしい」との非難にすら値するであろう。発話だけではなく、隣席の人間に対する性的な眼差しのもつ暴力性などを考えるならば、一方的で独善的な「共在」感覚が道徳的問題をはらむことも考える必要はある。ただ、このパラドックスもまた、コード共有のパラドックスと同様、現実にはさまざまなリソースを利用してさまざまな仕方で解消されていることが多いのも確かである。しかし、人がこのパラドックスの前で立ちすくんでしまうことがあることもまた現実であろう。先に第七章でみたように、会話の場としての公共圏への参入を恐怖であると感じる人は常に一定数は存在する。その恐怖のひとつの要因がこのパラドックスにあるということには十分な注意が必要である。

いずれにしても、「共在」がある種の「感覚」を基盤とした概念であるかぎりにおいて、「共生」の場合のように、倫理学や政治哲学にとっての実現すべき「理念」であるとは言い難いのは確かである。両者の差異は、「共に生きる」といった濃厚な関係を示す後者と「居合わせる」といった偶然ですらありえる軽い関係の前者というように単純な経験的レベルでのみ理解してはならない。「共在」ということは社交という事柄にとって不可避の前提である。この点からすれば、社交というものに即して倫理学、すなわち最終的には「共生」のあり方について何事かを語るべきものとしての倫理学において、この概念に眼差しを向けることはけっして無用のことではないであろう。ありうべき「共生」のためには、それがいかなるものであるかに関わらず、まずもって「共在」ということがどのようなことであり、かつそれがいかにして可能であるかを問う必要があるのである。

2 「平等」と「対等」

さて、「共生」の思想にとって「平等」という概念が重要な意味をもつということについては多言を要しまい。倫理学あるいは政治哲学はこれまでに、この誰もが知っている概念について多くを語ってきたし、現在でも、たとえば「何の平等か」「格差はどこまで許容できるか」などのその内実をめぐっての論争は継続されている。そしてそのことは、「平等」もまた、なんらかの意味で未だ実現されていない「理念」あるいは「理想」であることを意味していよう。むしろ、だからこそ「平等」は飽くことなく論じ続けられてきたのである。真の意味での「共生」は、必然的に真の意味での「平等」を要請するのである。しかしここでは、「共生」に対応する「平等」を直接論じるのではなく、それとは無関係ではないものの異なった概念として、「共在」に対応するものとしての「対等」ということについて考えてみたい。

日常言語の用法から始めてみよう。「法の下での平等」という言い方はごく一般的であるが、「法の下での対等」というのは変であろう。「平等な分配」は普通の表現であっても「対等な分配」は奇妙に聞こえる。また、「対等に話す」とは言えても「平等に話す」というのは違和感がある。ただこの場合も、発話の「順番取り」(turn-taking)の機会の「配分」のあり方を指しているとするならば問題はない。これだけの単純な比較からまず言えそうなのは、「平等」が静的、あるいは制度的状態を指すのに対して、「対等」が、動的、あるいはコミュニケーション的な概念であるということである。

たしかに、以下で触れる現代的平等論における論争の発端となったロールズの『正義論』は、その「正義の構想とは、第一義的には、社会の基本構造がもつ分配的な側面を評価するための基準である」という定式からしても、(後にふれるE・アンダーソンなどのように解釈上の異論がないわけではないが)一般的には分配的な平等論を説いているとされている。[4] この「分配」に中心的な関心をおいた平等論に対しては、近年「関係的平等主義」とよばれる立場からの批判が相次いでなされている。先駆的な議論としては、I・ヤングの『正義と差異の政治』の第一章「分配的パラダイムを置き換える」や、E・アンダーソンの論文「平等の要点とは何か」、さらにはN・フレイザーの『中断された正義』などをあげることができよう。[5] ここでは、政治哲学的あるいは法哲学的関心からの平等論を真っ向から論じることが主眼ではないため、彼女らの議論の間にある微妙かつ重要な差異や相互の入り組んだ影響関係については深く立ち入ることをせず、「対等」概念という本書にとっての関心からのみ、やや大雑把な考察を行うことにしたい。

まずアンダーソンの「関係的平等主義」(relational egalitarianism)は、平等理念を第一義的に主体間の相互行為の次元における関係の対等性によって同定するものであるとされている。[6] だとすれば、この関係の対等性ということの内実が重要になるであろう。彼女の議論は、分配にのみ定位した平等論のほとんどを「運の平等主義」(luck egalitarianism)と彼女が名付けた、「責任感応的」(responsibility sensitive)あるいは「選択感応的」(choice sensitive)な平等論であると規定し、それをA・センのケイパビリティー理論を援用しつつ徹底的に批判することで知られるようになったものである。「運の平等主義」という表現は、R・ドウォーキンによるよく知られた「選択的運」(option luck)と「自然的運」(brute luck)の区別に基づく平等論を意識してのことであると思われるが、(7)「民主的平等論」(democratic egalitarianism)ともいわれる、その平等論の主要な含意のひとつは、「人々が他者と平等な関係に立てるような共同体を創造する」ために、「分配の要求を等しい尊重を示すという要求と正しく調和させる」ことにあった。この平等な関係とは、「二人の人間が各々が自らの行為をもう一方にとって受容可能で、相互に協議したり返礼し合ったりすることを彼らが当然のものと考える原理によって正当化する責務を受容している場合」を指す。

平等概念に関するこの主張にはとりたてて反論すべき点はない。ただ、ここでの「平等な関係」ということに関する記述はあまりに抽象的すぎて、それがはたして本書が期待するようなコミュニケーション論的意味をどのようにもつのかが判然としない。ここでは、アンダーソンの「民主的平等論は等しい承認の要求と等しい分配の要求とを統合する必要性に対応している」という記述につけられた、N・フレイザーの著作『中断された正義』を指示する註を参考にしてみよう。フレイザーの議論を単純化する愚を覚悟しつつまとめるならば、それはC・テイラーの有名な多元文化主義に関する論文「承認の政治」を元にしつつも、分配の正義と承認の正義という二つが分裂していると彼女の考える現状を「参加の対等」(parity of participation)という観点から打破するための方法を模索するものであったといえる。(8)

「承認」(Anerkennung/recognition)概念そのものは、フィヒテに端を発し、ヘーゲルによって精緻化された著名な哲学史的概念であることは言を俟たないが、現代では文化の多元性、ジェンダーなどの問題圏をめぐる政治哲学的文脈のなかで再活性化されているものである。なかでもフレイザーが「誤承認」(misrecognition)とよぶ不正義に関する議論は、従来の分配的平等論を批判的に補完することによって新しい社会運動の発展につながるものとして高く評価されている。ただ、この哲学用語であるとともに日常用語でもある「承認」概念は、現代ドイツにおける承認論の旗手であり、フレイザーとの論争も行っているA・ホネットが言うように、多義的であり、いまだ明晰化がなされているとは言い難いのも事実であろう。(9)テイラーの記述をみてみよう。

我々のアイデンティティーは一部には、他人による承認、あるいはその不在、さらにはしばしば誤承認によってかたちづくられるのであって、個人や集団は、もし彼らをとりまく人々や社会が、彼らに対し、彼についての不充分な、あるいは不名誉な、あるいは卑しむべき像を投影するならば、現実に被害や歪曲を被るというものである。不承認や誤承認は、害を与え、抑圧の一形態となりうるのであり、それはその人を、偽りの歪められ切り詰められた存在の形態の中に閉じ込めるのである。(10)

この、誤承認が抑圧に直結するという発想は、そのままフレイザーやヤングにも引き継がれているといってよい。ここからわかることは、関係的平等主義における「対等」とは、人格の相互承認という理想に関わるものであること、そして関係的平等主義は、分配的平等主義とはまた異なった仕方ではあるにせよ、やはり平等の制度的確保を目指すためのものであるということである。その政治思想的意義については、それを十分に認めつつも、ここではこれ以上の検討は措くことにしたい。というのも、本論で考えてみたい「共在」に対応する概念としての「対等」とは、制度的問題とは最終的に無関係ではないものの、その一歩前の、こういってよければプリミティブな層におけるコミュニケーションの実践に関わるものであるからである。

先に挙げた、旅先の外国のバーのカウンターで見知らぬ他人と偶然に隣り合わせたという場合を再考してみよう。そこで会話が始まり、双方がそれを楽しむための条件は何であろうか。さまざまなことが考えられるが、たとえば現在公開中の話題の映画が会話を始めるきっかけとなる最初のトピックであったとしよう。この場合さしあたってマナーとされていることのひとつに、映画の話というトピックには無関係(irrelevant)なお互いの属性については不必要な言及を避けるということは広く認められているであろう。この属性のなかには、はじめから相対的に明白なものから、わざわざ尋ねたり自ら言及したりしなければ明白化されないものまでいろいろあるが、どちらにしても、現在のトピックとは無関係である限りにおいて、わざわざ知ろうとしたりせず、たとえ知ってはいても知らないふりをすることが求められているといってよい。この「あたかも知らないかのように(as-if)」という「マナー」は、後述するように未だ倫理というよりは会話を楽しむための「技法」(art, Kunst)であるにすぎないのかもしれない。ただ、無関係な属性のことさらな顕在化が、当該の文化、社会における事実的に存在している優劣関係あるいは権力関係(場合によってはシステム的に歪められた、つまりは不正義の関係)をも顕在化させてしまうことを、会話の継続のために避けるというこの技法は、フィクションとしての、そしてインスタントなものとしての「対等」を持続的に実現させるもののひとつであるとは言えるだろう(11)。

もちろん映画のテーマや劇中のエピソードの中には、それをめぐっての会話をする双方がそれと深く関わる互いの属性を相互に意識せざるをえなくするものもあるだろう。場合によっては、それは「議論」へと発展することもあるだろう。ただ社交における会話という初期状況を持続させる目的にとっては、そうした属性をさしあたっては「括弧に入れる」ことも可能である。この作業は、いわば「演技」としての性格をもっている。それでは、この「対等」の実現に関わる技法のもつ倫理学的な含意はどこにあるのだろうか。

この議論と若干似た主張は、I・カーターによってもなされている。カーターは、まさに「平等の基礎」と題されたロールズ『正義論』第七七節における「範囲属性（特性）」（range property）という概念を発展させる論稿において、「不透明な尊重」（opacity respect）という独自のアイデアを提出している。(12) それによれば、道徳的能力がある範囲（range）の内にあるかぎりにおいて、それをもつ人が道徳的尊重の対象となるとしても、その範囲設定に曖昧さを残し、個々人によって異なる道徳的行為者としての内面的な能力属性に関してはそれを「不透明」（opaque）なままにしておくことが、対等な関係の持続にとって重要であるとされる。

これについては、未だ十分な検討ができていないので紹介するにとどめざるをえないのだが、井上彰は、ロールズの「範囲属性」の議論に対する批判という文脈の中でこの論文に言及しつつ、「それは範囲特性の経験的措定になっているにすぎず、平等の道徳的基礎を規範的に根拠づけるものとはなっていない」と指摘している。(13) しかし私には、井上のように「公共空間での尊重というわれわれが歴史的に経験してきたもの、あるいは現に経験しているものに訴える」ことに何の意義も見いだせないとはとても思えない。さらにいうならば、問題となっているロールズが、『正義論』において平等に関して「範囲属性」の議論をしているのが、有名な「無知のヴェール」による正義の二原理の導出という、社会契約論特有の（ホッブズの『市民論』第八章冒頭にあるような「キノコのように大地から突然に生える」という著名な記述以来の）無時間的な論証が中心となる第一部ではなく、「安定性」（stability）が問題とされる第三部であることを考えるならば、「平等の道徳的基礎の規範的根拠づけ」においても、本書で繰り返し参照してきたヒュームが強調した時間軸における信頼の醸成ということが（ロールズ自身の議論が成功しているかどうかは別としても）重要な意味をもつことになるのではないだろうか。

また、人類学者の菅原和孝は、ボツワナのグイ（ブッシュマンとよばれる狩猟採集民の一言語集団）の民族調査に基づいた書物である『会話の人類学』の末尾において、「対等性」と「共同性」という二つの概念について述べている[14]。それによれば、「「対等性」とは、一回ごとのインタラクションの局所的状況に応じて、お互いの関わりに対する注意の焦点を自在に絞ったりひろげたりする能力（コンピタンス）のことである」が、他方「共同性」とは、「複数の年齢＝性クラスの内部、またはその相互間における社会的／経済的／権力関係の独特な配置に向けて個人が注意の焦点をあわせるように促すインタラクションのパターンもしくはプログラムのこと」である。この区別は、本論で述べてきた「共在」と「共生」（あるいは「抑圧」）、そしてさらに「対等」と「平等」（あるいは不平等）という区別に対応していると言ってもよいであろう。

菅原は、この区別についての論考を、「ブッシュマンは平等主義者である」というクリシェに対する異議申し立てを再考することから始めている。これに対する菅原のテーゼは「「平等主義」はコミュニケーションの問題である」というものであった。このテーゼを支える詳細かつ見事な民族誌記述を割愛して本論なりに乱暴に解釈するならば、その要点は、ブッシュマンの人々は平等な（あるいは関係的平等主義者の言う意味での制度的に対等な）コミュニケーションによって平等社会を実現している(これはある意味畳語であろう)のではなく、むしろ(菅原の言葉を用いれば)ある種のインタラクションの「センス」とでもいうべき能力をそのつど局所的に発動させ続けることを通じて、「延々と持続する」ものとしての「対等性」を運用しているのであるということになろう。先のクリシェは、これを外部の(とりわけ近代化した社会にいる)者が見たときに、「共同性」のレベル(すなわち制度論的レベル)で「ブッシュマンは平等主義者」であるとするノスタルジックな「物語」であるにすぎない(15)。

こうした「センス」は、もちろんそれぞれの文化に特有のありかたを示すものであり、まさにそれゆえにこそ人類学者の視線にとまるものであろうが、そうしたものの存在そのものは、木村の言う「共在感覚」の場合と同じく通文化的に普遍的であるように思われる。先に触れたヒュームのコンヴェンションが「共通利益の一般的感覚(センス)」という定義を与えられていたことも想起されよう。この「センス」は、それが共有された場合には、ある種の「マナー」のようなものとなるといえるであろう。この「マナー」という言い方を菅原は拒否するかもしれない。菅原は、グイにおける年長者の規範的語りによる訓育によって規範が内面化されていくといった記述を平板なものとして拒否している。それは、そうした記述が「共同性」という観点からのものであるにすぎず、コミュニケーションを通じて時間軸のなかで「延々と持続する」ものとしての「対等性」のダイナミズムを見損なってしまうからであろう。

3 「マナー」というもの

ただ、ここで「マナー」と読み替えた「センス」は、いわば本書第六章で扱ったジンメルの社交論における「技法」(Kunst)に相当するものであるとも考えられる。先の議論では、ジンメルにおける社交の自己目的性ということを中心に紹介したのであったが、ジンメルは次のようなことも述べている。「社交というのは、すべての人間が平等であるかのように、同時にすべての人間を特別に尊敬しているかのように、人々が「行う」ところの遊戯である(強調筆者)[16]」。そして、この「社会的遊戯」(Gesellschaftsspiel)においては、「個人の富や社会的地位、学識や名声、特別の能力や功績、これらのものが社交において役割を果たすようなことがあってはならない[17]」と言うときに、ジンメルは明らかに「マナー」というものについて語っている。

この「マナー」は、ゴフマンが批判的に指摘するように、ジンメルにおいては日常生活から切り離された特定の「社交場」に限定的であるものかもしれない[18]。しかし、すでに論じたように、ジンメルの社交概念は、本人の不用意な論述形態もあってか、先に触れた山崎正和による批判などを招く部分があるのは確かだとしても、先に「超越論的」と位置づけたその「形式」においては、当然ある種の普遍性が含まれている。当のゴフマンにしたところで、先に触れた「儀礼的無関心」などの「マナー」が、当時のアメリカの中産階級に特有のものであるということに自覚的でありつつも、それらの概念を析出するために用いた「フェイス」(face)といった自己の分析装置の普遍性を疑ってはいまい。このゴフマンの「フェイス」概念を元にして展開された、P・ブラウンとS・C・レヴィンソンの「ていねいさ」(politeness)に関する研究については、本書冒頭では文脈の関係でやや揶揄的な紹介をしたが、英語圏文化に特化した彼女らの議論もまた、「ていねいさ」という概念そのものの普遍性についてはそれを前提にしており、実際この理論は、その後他言語、他文化の語用論的研究へと発展してもいる。

一般に倫理学、あるいは法(政治)哲学の領域では、社会規範としての「マナー」に注目が向けられることは少ないといえる(19)。これは、この語が「テーブルマナー」などのように、社会哲学的には取るに足りない「習俗」(mores, Sitte)にすぎないものという印象を与えるからであろう。いやしくも普遍的な「共生」を語るべき学としては、個々の文化におけるローカルな「共在」の技法にすぎない「マナー」などは、論じるに値しないというわけである。しかし、共在の「技法」という論点そのものは普遍的なものでありうるのではないだろうか(20)。

ひとつの例から考えてみよう。男性優位社会における会話において、ジェンダーという属性が特に関係しない話題であるにもかかわらず、自らのマチズモをたとえ意識的にではなくとも表出してしまう行為は、最近になってようやく「マンスプレイニング」(mansplaining)という語を与えられ、OED(オンライン版)にも掲載されている。L・ロスマンの定義によれば、「説明を受ける者が説明者よりも多くのことを知っているという事実を無視して説明すること、多くの場合、男性が女性に行うこと」とされるこの行為は、二一世紀になってから多くのフェミニストによって問題視されるようになったのである。[21] もとより若い概念であるだけに、その使用に関しては批判がないわけではなく、かつての「セクハラ」概念がそうであったような実効性を伴った「普及」がおきるかどうかは予断を許さない状況にあるといえる。ただ、これを「マナー」の問題だとすることに対しては、問題を矮小化するのみならず、この差別的行動の背後にある社会構造を隠蔽することにつながるという批判が向けられることになるであろうことは十分に予測できる。しかし、この批判の妥当性は、「マナー」というものの存在をどのように見積もるかによって変化するであろう。

別の例で考えてみよう。「レディファースト」という欧米における「マナー」の存在はよく知られている。ところが、ヨーロッパの騎士階級のまさに「社交」上の行動作法を源流にもつとされるこの種の「マナー」は、近年では、女性は弱く守られるべき存在であるというジェンダーバイアスに基づいた「慈悲的性差別」(benevolent sexism)にあたるとする批判が出ている。[22] 元になったヨーロッパ地域を越えて広まったともいえるこうした「マナー」が、現代的な視点からはもっともであると思われるこうした批判を受けて今後どうなるのかはわからないが、女性を一般に身体能力的に劣るとする前提の上でその差異を埋め合わせるという「マナー」に隠された男性優位の社会構造が問題視されていることは間違いないだろう。ヒュームの術語ではなく日常語としてのコンヴェンションの訳語のひとつとして「因習」があるということも想起しておくべきであろう。

ここで必要となるのは、既存のものにせよ新しく生まれようとしているものにせよ、マナーというものに対する批判可能性の確保であろう。[23] この批判可能性は、会話と社交の埒外に存在するものであると思われるかもしれないし、ここで要請されているのは「討議」であったり「熟議」であったりすることも疑いえない。しかし、すでに述べたように、社交と会話の倫理学は、討議倫理学や熟議民主主義といった規範理論の批判的補完物であるとしても代替物ではない。ここでなされているのは、規範理論は、視線を下げて「共在」の場における「マナー」にも着目することが必要であるという控えめな主張である。ただ、既存の「共生」の制度のなかに潜んでいる差別、抑圧などの歪みが顕在化するのが「共在」の場であるかぎりにおいて、既存の「共生」に関わる諸規範の自明性を批判的に解体してゆくという作業は必然的に「対等」な関係のもとで持続する「共在」のあり方への眼差しを必要とする。[24] 本書は、そのための準備作業であった。

おわりに

銃口にさらされ、ミサイルの飛来に怯える状況、あるいは生命の危険に直面するほどの貧困状態においては、制度的な共生どころか持続する共在すら困難である。そうした状況がこの世界に今なお存在していることを知りつつ、会話の楽しさに基づく社交を説くなどということは、能天気であるのみならず傲慢であるとの誹りをまぬかれないかもしれない。それに対しては、さしあたっては頭を垂れる他ない。それだけではない。レイシストたちが酒瓶を片手に人種差別的なジョークを種に「楽しく」歓談しているという、想像するだにおぞましいが、しかし現実にはあちこちに存在しているであろう光景を考えるとき、会話の楽しさに基づく社交は唾棄すべきものとすらなりうる。そのような者たちに、本書第七章で社交を持続させる要件として触れた「礼節」や「行儀」を説いても無駄である。なぜなら、彼らは彼らなりの社交を持続させるために十分なほどには「礼儀正しく」振る舞っているであろうからである。第七章では、社交と啓蒙の循環について述べたが、ソーシャル・ネットワーキング・サービス（SNS）などの新しい社交の装置において目を覆うばかりのヘイト・スピーチが蔓延している現在、「社交は野蛮に転化する」という事態が現実のものとしてあることを自覚せざるをえないこともまた事実である。また、近年では、「オールド・ボーイズ・クラブ」（OBC）といったことも問題となっている。これは、喫煙所や居酒屋などの会話と社交の場、しかし参加者のジェンダーバランスに大きな偏りがある場で、本来は会議などの議論の場で決定されるべきことが、なんとなく決められていているという現象を指す(25)。

こうした問題に対しては、個々の具体的な対応が必要であることは言うまでもないが、ここでは最後に、討議や熟議というものが、アジェンダという必要に応じて特定の時間空間内でなされるべきものであるのに対して、会話は常になされざるをえないものであり、かつ偶然性ということにさらされているものであるということだけを再度確認しておきたい。繰り返しになるが、会話と社交の倫理学は、会話という普遍的営為の基底性をこそ主張するものではあるとしても、けっして現実の会話や社交を無批判に称揚するものではなく、あえて言うならば、それに対する批判の基礎を構築するためにこそ、会話や社交という現象に着目するものである。その長い道程は緒についたばかりである。(26)

註

第一部　会話の哲学

第一章　哲学と会話――その不幸な関係

（1）Rombach, H., Die Grundstruktur der menschlichen Kommunikation: Zur kritischen Phänomenologie des Verstehens und Mißverstehens, in: *Phänomenologische Forschungen* 4, 1977.（中山善樹訳「現象学と言語の問題――人間的コミュニケーションの根本構造」、磯江景孜他訳『言語哲学の根本問題』晃洋書房、一九七九年）

（2）Brown, P. & Levinson, S. C., *Politeness: Some Universals in Language Usage*, Cambridge University Press, 1987.（田中典子監訳『ポライトネス――言語使用における、ある普遍現象』研究社、二〇一一年）なお、この「マナー」ということについては後に終章で再考する。

（3）中岡成文「対話と実践」、『行為　他我　自由』（新岩波講座哲学一〇）、一九八五年。

（4）内山勝利『対話という思想――プラトンの方法叙説』岩波書店、二〇〇四年。

（5）この「パレーシア」概念は、晩年のM・フーコーが講義で取り上げたことによって再度注目されることになった。Foucault, M., *Le gouvernement de soi et des autres: Cours au Collège de France 1982-1983*, Gallimard, 2008.（阿部崇訳『自己と他者の統治――コレージュ・ド・フランス講義1982-1983』（ミシェル・フーコー講義集成）筑摩書房、二〇一〇年）、および *Le Courage de la vérité. Le gouvernement de soi et des autres II: Cours au Collège de France 1983-1984*, Gallimard, 2009.（慎改康之訳『真理の勇気——コレージュ・ド・フランス講義1983-1984』（ミシェル・フーコー講義集成）筑摩書房、二〇一二年）を参照。なお、フーコーのこの概念についての研究としては、相澤伸依「フーコーのパレーシア」『東京経済大学人文自然科学論集』一三〇、二〇一一年、がある。

（6）キルケゴール『死にいたる病　現代の批判』桝田啓三郎訳、中公クラシックス、二〇〇三年、三一六頁以下。

（7）Nietzsche, F., *Zur Genealogie der Moral*, Colli, G., and Montinari, M. (Hg.), Nietzsche Werke Kritische Gesamtausgabe Abt. 6, Bd. 2, Walter de Gruyter and Co., S. 371.

（8）Heidegger, M., *Sein und Zeit*, 13. Aufl., Max Niemeyer, 1976, S. 168. 訳文は、高田珠樹訳『存在と時間』作品社、二〇一三年、による。ただし、都合上Geredeの訳語を「巷談」という含蓄深いものから「おしゃべり」に改変した。なお、同時に参照した辻村公一訳『有と時』河出書房新社、一九七四年、では「空語」という訳語が当てられている。また、後にふれるH・アレントは、*Men in Dark Times*, Harcourt, 1968の冒頭において、この語に'mere talk'という英訳を当て、ハイデッガーの理論を援用している。

（9）Heidegger, M., Was ist Metaphysik? in: *Wegmarken*, Gesamtausgabe Bd. 9, Vittorio Klostermann, 1976, S. 112.（訳文は、辻村公一訳『道標』創文社、一九八五年、による。ここでもRedenの訳語を「話すこと」から「おしゃべりすること」に改変した。）

第二章　コミュニケーションは伝達ではない——コードモデルとその限界

（1）Shannon, C. E., and Weaver, W., *The Mathematical Theory of Communication*, The University of Illinois Press, 1949.（長谷川淳、井上光洋訳『コミュニケーションの数学的理論』明治図書出版、一九六九年）

（2） Clark, H. H. and Marshall, C. R., Definite Reference and Mutual Knowledge, in: Joshi, A. K., Webber, B. L. and Sag, I. A. (eds.), *Elements of Discourse Understanding*, Cambridge University Press, 1981, p. 13.（例文には若干変更を加えた。以下においても同様である。）

（3） 第五章を参照。

（4） この点に関しては、Ｇ・ベイトソンの『精神の生態学』が参照されるべきであろう。さしあたっては、木村大治『共在感覚――アフリカの二つの社会における言語的相互行為から』京都大学学術出版会、二〇〇三年、二一八頁以下、を参照のこと。

（5） このことと関連して、いかなるハード、ソフトウェアを使って、いかなる漢字コードを用いて送信した電子メールであっても正確に「復元」されるという現在の技術状況は、シャノンの理想的前提を多少なりとも実現したものだといいうるかもしれない。しかし、読み手がそれをどのような質のディスプレイでどのようなフォント設定で読むか（すなわち実際にどのように「復元」されるか）は予測不能であるという事態は残る。

（6） Schmitz, H., Über leibliche Kommunikation, in: *Zeitschrift für klinische Psychologie und Psychotherapie*, 20 (1), 1972.（鷲田清一、水谷雅彦訳「身体的コミュニケーションについて」、小川侃編『身体と感情の現象学』産業図書、一九八六年）

（7） この点は、近年のＡＩ研究などにおいてはいわゆるマルチモーダリティの問題として議論され始めている。

第三章　コミュニケーションの推論モデル──関連性理論

（１）　Sperber, D. and Wilson, D., *Relevance: Communication and Cognition*, Basil Blackwell, 1986, p. 52.（内田聖二他訳『関連性理論──伝達と認知』研究社出版、一九九九年）

（２）　*ibid.*, p. 125.

（３）　*ibid.*, p. 17.

（４）　*ibid.*, p. 64.

（５）　先に挙げた「コミュニケーション意図」（communicative intention）や「顕示的コミュニケーション」（ostensive communication）といった術語に、『関連性理論』の邦訳は、それぞれ「伝達意図」、「意図明示的伝達」といった訳語を当てているが、コミュニケーションを伝達と訳すことは、スペルベル＆ウィルソンの理論に関しては、ある意味では当然の訳語選択であったといえるだろう。

（６）　この例とそれに基づくスペルベル＆ウィルソン批判については、谷泰「だれそれはしかじかであることを知らない」」、谷泰編『コミュニケーションの自然誌』新曜社、一九九七年、九四－一〇二頁を参考にした。

（７）　たとえば、串田秀也「ユニゾンにおける伝達と交感」、谷編前掲書を参照。

（８）　木村前掲書、一三〇－一四九頁。

（９）　「順番取り」システムへの最初の注視としては、Sacks, H., Schegloff, E. A., and Jefferson, G., A Simplest Systematics for the Organization of Turn-taking for Conversation, in: *Language* 50 (4), 1974. を参照。

（10）　人類学者の川田順造は、monologue でも dialogue でもない、synlogue という概念を用いてこうした民族誌的事実を分析している。『口頭伝承論』河出書房新社、一九九二年、を参照。同書については、木村前掲書に教えられた。

第四章　コミュニケーションと意図の再現——デリダと言語行為論

（1）Searle, J., *Speech Acts: An Essay in the Philosophy of Language*, Cambridge University Press, 1969.（坂本百大、土屋俊訳『言語行為——言語哲学への試論』勁草書房、一九八六年）
（2）Derrida, J., Signature Événement Contexte, in: *Marges de la Philosophie*, Editions de Minuit, 1972.（藤本一勇訳『哲学の余白・下』法政大学出版局、二〇〇八年）
（3）Searle, J., Reiterating the differences: A reply to Derrida, in: *Glyph* 1, 1977.（土屋俊訳「差異ふたたび——デリダへの反論」『現代思想』一六巻六号、一九八八年）
（4）Derrida, J., Limited Inc. abc, in: *Glyph* 2, 1977.（高橋哲哉他訳『有限責任会社』法政大学出版局、二〇〇二年）
（5）Searle, J., The Word Turned Upside Down, *New York Review of Books*, Oct. 27, 1983.
（6）串田秀也「ユニゾンにおける伝達と交感——会話における『著作権』の記述をめざして」、谷編前掲書（第三章註6）。
（7）菅原和孝「饒舌の修辞論」、谷泰編『文化を読む——フィールドとテクストのあいだ』人文書院、一九九一年。
（8）木村大治「投擲的発話——ボンガンドの『相手を特定しない大声の発話』について」、田中二郎・掛谷誠編『ヒトの自然誌』平凡社、一九九一年。
（9）Gadamer, H. G., *Wahrheit und Methode*, Mohr, 1960, S. 97f.（轡田收他訳『真理と方法』法政大学出版局、二〇一二年）
（10）入手可能なテクストとしては、*Revue Internationale de Philosophie* 151（1984）とForget, P.

(ed.), *Text und Interpretation*, 1984（轡田收、三島憲一他訳『テクストと解釈』産業図書、一九九〇年）がある。ただし、前者に収録されたガダマーの講演のフォルジェによる仏訳は、デリダの質問が向けられた肝心の部分が抜け落ちており、後者においては大幅な加筆修正がなされている。

(11) Gadamer, *op. cit.*, S. 335f.

(12) *ibid.*, S. 329.

(13) Frank, M., Die Grenzen der Beherrschbarkeit der Sprache, Forget (ed.), *op. cit.*, S. 191.

第五章　デイヴィドソンと言語

(1) Davidson, D., A Nice Derangement of Epitaphs, in: LePore, E. (ed.), *Truth and Interpretation*, Blackwell, 1986, pp. 433-446.（荒磯敏文訳「墓碑銘のすてきな乱れ」、柏端達也他訳『真理・言語・歴史』春秋社、二〇一〇年）

(2) Davidson, D., *Inquires into Truth and Interpretation*, Oxford University Press, 2001 (1984), p. 197.（野本和幸他訳『真理と解釈』勁草書房、一九九一年）。この"charity"という語に倫理的含意が全くないかどうかについては慎重な議論が要求されるであろう。本書では、これをさしあたっては倫理的概念ではなく、理解の可能性の条件を示す超越論的概念であると考えたいのだが、これに対しては、かつてデリダがガダマーの解釈学に向けた批判、すなわち、それが「力への善意志」という形而上学の現れではないかという批判と同様のことがあてはまるのか否かという問いが立てられてしかるべきであるかもしれない。この点については後に再度取り上げる。

(3) *ibid.*, p. 279. この「規約」(convention) という概念については注意が必要である。これについては後にD・ヒュームのコンヴェンション概念について論じる際に述べる。

(4) この点については、拙論「〈討議〉と〈対話〉――ハーバーマスのコミュニケーション理論に対するひとつの批判的視角」『理想』六二〇号、一九八五年、および「批判と反省――理論的反省の実践的限界とハーバーマス」、『批判理論』(岩波講座現代思想8)岩波書店、一九九四年、を参照願う。

(5) Brown & Levinson, *op. cit.*

(6) Davidson, *op. cit.*, 1986, p. 442.

(7) Davidson, *op. cit.*, 2001, p. 277.

(8) 例えば、しばしば見られる政治家による「言い間違い」が、極めて差別的な発想に基づいていると推測される例などが挙げられよう。

(9) Davidson, *op. cit.*, 1986, p. 443. この点に関しては、デイヴィドソンの初期の「行為論」とのすりあわせ、さらには行為と意図の「共同性」、つまりは「集合的責任」論などとの関連の指摘などがなされるべきであるが、本書では措かざるをえない。

(10) Davidson, *op. cit.*, 2001, p. xix.

(11) このテーマについては、デイヴィドソン自身が「思いと語り」という論文において、F・P・ラムジーの不確実性という条件下での確率理論に基づく意思決定理論を援用している。Davidson, *op. cit.*, 2001, p. 160. なお、この論文は、人間以外の、つまり言語を用いることのない生物(あるいは人工知能)とのコミュニケーションということが可能であるかについての興味深い考察を含んでいるが、これもまた残された課題のひとつであることは言うまでもない。

(12) Hacking, I., The Parody of Conversation, in: LePore (ed.), *op. cit.*

(13) McDowell, J. H., A Nice Derangement of Epitaphs: Some Comments on Davidson and Hacking, in: LePore (ed.), *op. cit.*

(14) Davidson, D., The second Person, in: *Subjective, Intersubjective, Objective*, Oxford University Press, 2001.

(15) この論争についての詳細な検討は、尾形まり花「当座理論とはなにか」『千葉大学人文社会科学研究』三〇号、二〇一五年、および古田徹也「文化に入り行く哲学——デイヴィドソンの言語哲学の限界をめぐって」『フィルカル』第一巻一号、二〇一六年、を参照。

(16) Davidson, *op. cit.*, 1986.

第二部　社交の倫理学

第六章　社交の思想家たち

(1) Simmel, G., Die Geselligkeit (Beispiel der reinen oder formalen Soziologie), 1917, in: *Grundfragen der Soziologie, Individuum und Gesellschaft*, Drittes Kapitel, 1917, in: Gesamtausgabe Bd. 16, Suhrkamp, 1999.（清水幾太郎訳『社会学の根本問題』岩波文庫、一九七九年）

(2) *ibid.*, S. 115.

(3) *ibid.*, S. 116.

(4) 山崎正和『社交する人間——ホモ・ソシアビリス』中公文庫、二〇〇六年、四一頁。

(5) 北川東子『ジンメル——生の形式』講談社、一九九七年、一六〇頁。

(6) Malinowski, B., The Problem of Meaning in Primitive Language, in: Ogden, C. K. & Richards, I. A. (eds.), *The Meaning of Meaning, A Study of the Influence of Language upon Thought and of the Science of Symbolism*, Routledge & Kegan Paul, 1960 (1923), pp. 309-316.（石橋幸太郎訳『意味の意味』新泉社、二〇〇一年）

(7) Jakobson, R., Linguistics and Poetics, in: Sebeok, T. A. (ed.), *Style in Language*, The MIT Press, 1960.

（8）定延利之『コミュニケーションと言語におけるキャラ』三省堂、二〇二〇年、一〇七頁。
（9）Lyons, J., *Semantics*, Vol. 1., Cambridge University Press, 1977.
（10）Laver, J., Communicative Functions of Phatic Communion, in: Kendon, A., Harris, R. M., and Key, M. R. (eds.), *Organization of Behavior in Face-to-Face Interaction*, Mouton, 1975, pp. 215-238.
（11）Oakeshott, M., The Voice of Poetry in the Conversation of Mankind, in: *Rationalism in Politics and other Essays*, Methuen, 1981(1962), p. 198.（嶋津格他訳『政治における合理主義』勁草書房、一九八八年）
（12）リッターの「補償（埋め合わせ）理論」に関しては、以下を参照のこと。藤野寛『アドルノ／ホルクハイマーの問題圏――同一性批判の哲学』勁草書房、二〇〇〇年。
（13）部分的には本書第三章を参照願う。
（14）中金聡は、オークショットの会話のパラダイムはそもそも「真面目／不真面目」「真剣／遊び」の二分法を相対化するような視点に立って構想されている、という卓抜な指摘を行っている。中金聡『オークショットの政治哲学』早稲田大学出版部、一九九五年、一七二頁、を参照。また、オークショットはここで「子供は会話の達人である」という趣旨のことを述べているが、これに対しては一定の留保をつけておきたい。なぜなら、実証的にみても子供は会話上手ではなく、一定時間以上会話を持続させる能力は、少なくとも小学生にはないと考えられるからである。このことに関して、コミュニケーション研究に進化的、あるいは発達的観点を導入することが要求されているということもできるが、ここでは示唆するだけにとどめざるをえない。
（15）井上達夫『共生の作法――会話としての正義』第五章、創文社、一九八六年。また本書第七章の註（33）も参照されたい。
（16）「共在」概念に関しては、木村大治『共在感覚――アフリカの二つの社会における言語的相互行為から』京都大学学術出版会、二〇〇三年、を参照。これらの論点は後に終章で再度取り上げて検討する。

(17) R・ローティもまた会話概念に着目した哲学者として知られている。「われわれにとって会話の「成功」とは、たんにそれを「続けること」以外にはありえない」という彼の発言は、本書の趣旨とも合致する。しかし、「会話」というものを、「ヨーロッパの知識人の生活形式にすぎない」という彼の「アンチ・アンチ・エスノセントリズム」に基づくと思われる見解は受け入れることができない。Rorty, R., *Consequences of Pragmatism*, The University of Minnesota Press, 1982, p. 172.（室井尚・吉岡洋他訳『哲学の脱構築』御茶の水書房、一九八五年）

第七章　だれがどこで会話をするのか

(1) Hume, D., A *Treatise of Human Nature*, Norton, D. F. & Norton, M. J. (eds.), Oxford University Press, 2000, p. 385.（伊勢俊彦・石川徹・中釜浩一訳『人間本性論　第３巻　道徳について』法政大学出版局、二〇一二年）以降は、本書の引用、参照については、Tと略記し、（T 3. 3. 3. 2）のように巻、部、節、段落の数字を示す。

(2) この点については、Habermas, J., *Strukturwandel der Öffentlichkeit, Untersuchungen zu einer Kategorie der bürgerlichen Gesellschaft*, Suhrkamp, 1990（細谷貞雄、山田正行訳『公共性の構造転換』第２版、未来社、一九九四年）を参照。

(3) Hume, D., T 3. 1. 1. 18.

(4) Hume, D., T 2. 2. 4. 4.

(5) Hume, D., Of Essay-Writing, in: Miller, E. F. (ed.), *Essays, Moral, Political and Literary*, Liberty Fund, 1987, pp. 533-537.（田中敏弘訳『道徳・政治・文学論集』名古屋大学出版会、二〇一一

年）

（６）Hume, *op. cit.*, p. 270. こうした解釈の代表としては、坂本達哉『ヒュームの文明社会——勤労・知識・自由』創文社、一九九五年、や Finlay, J., *Hume's Social Philosophy: Human Nature and Commercial Sociability in a Treatise of Human Nature*, Continuum, 2007, 林誓雄『襤褸を纏った徳——ヒューム　社交と時間の倫理学』京都大学学術出版会、二〇一五年、がある。

（７）たとえば、野田宣雄『教養市民層からナチズムへ——比較宗教社会史のこころみ』名古屋大学出版会、一九八八年、などを参照。

（８）Kant, I., *Kritik der praktischen Vernunft*（V 153）（カントの著作に関しては、アカデミー版全集の巻数をローマ数字で、頁数をアラビア数字で記す。）

（９）Kant, I., *Mutmaßlicher Anfang der Menschengeschichte*（VIII 110）

（10）Kant, I., *Idee zu einer allgemeinen Geschichte in weltbürgerlicher Absicht*（VIII 20）

（11）Kant, I., *Mutmaßlicher Anfang der Menschengeschichte*（VIII 113）

（12）Hume, D., T 3. 3. 2. 10. また、Ａ・スミスにおいては、この点は「適宜性」(propriety) の問題として議論されている。Smith, A., *The Theory of Moral Sentiments*, Raphael, D. D., and Macfie, A. L. (ed.), Oxford University Press, 1976, pp. 12-18., これについては、島内明文「スミスの道徳感情説における共同性の問題——ヒュームとの比較を軸として」『倫理学研究』第三九号、関西倫理学会、二〇〇九年、を参照。

（13）Kant, I., *Beantwortung der Frage: Was ist Aufklärung?*（VIII 36）

（14）Habermas, *op. cit.*, S. 123.

（15）この「啓蒙の循環」という私の提起した問題を真摯に受け止め、それをカントに即す形で追究したものとしては、永守伸年『カント　未成熟な人間のための思想——想像力の哲学』慶應義塾大学出版会、二〇一九年、がある。

（16） Arendt, H., *Lectures on Kant's Political Philosophy*, Beiner, R. (ed.), The University of Chicago Press, 1982, p. 58ff.（浜田義文監訳『カント政治哲学の講義』法政大学出版局、一九八七年）

（17）「共通感覚」という概念一般については、以下が参考になる。中村雄二郎『共通感覚論』岩波書店、一九七九年。

（18） Kant, I., *Kritik der Urteilskraft*.（V293）

（19） 永守前掲書、p. 218を参照。

（20） Hegel, G. W. F., *Grundlinien der Philosophie des Rechts*, Werke in 20 Bänden mit Registerband, Suhrkamp, 1986, §277.（上妻精、佐藤康邦、山田忠彰訳『法の哲学』岩波文庫、二〇二一年）

（21） Heidegger, M., *Sein und Zeit*, Max Niemeyer, 1979, S. 153.（高田珠樹訳『存在と時間』作品社、二〇一三年）

（22） Rich, A., Conditions for Work: The Common World for Women, in: *On Lies, Secrets and Silence*, Norton, 1979, p. 212.（大島かおり訳『嘘、秘密、沈黙。』晶文社、一九八九年）

（23） Fraser, N., Rethinking the Public Sphere: A Contribution to the Critique of Actually Existing Democracy, in: Calhoun, C. (ed.), *Habermas and The Public Sphere*, The MIT Press, 1992, pp. 109-142.（山本啓、新田滋訳『ハーバマスと公共圏』未來社、一九九九年）

（24） Geach, P., Assertion, *Philosophical Review*, 74, 1965, pp. 449-465. またここでは、非認知説にたつ表出主義の新しい展開、たとえばS. Blackburnや A. Gibbardによるそれについては触れることができない。

（25） この点に関しては、かつてP・F・ストローソンが論文（Freedom and Resentment, in: *Free-*

dom and Resentment and Other Essays, Methuen, 1974)において、自由と決定論に関する問題を、帰責可能性や加罰可能性の問題だけではなく、「憤り」などの「対人的態度」(reactive attitude)と関係させて論じたこと、さらにはそれを継承したT・ホンデリックが*How Free Are You?: The Determinism Problem*, Oxford University Press, 1993(松田克進訳『あなたは自由ですか？——決定論の哲学』法政大学出版局、一九九六年)で述べたような、決定論の帰結を「生きる希望」(life-hope)や「狼狽」(dismay)、「個人的感情」(personal feelings)との関連で考察することの重要性が思い起こされるだろう。こうした論点に関しては、ここではこれ以上詳述できないが、還元主義的決定論に(未だに?)基づいている先端科学技術の多くが、個人や人類の未来に関する「不安」(あるいは逆に「希望」)といった感情を生み出していることを考えるならば、不確実な「未来」に対する、(したがって原理的に真でも偽でもない)「感情」の表明を、真面目に(seriously)受け止める必要はますます増大している。とりわけ環境問題や遺伝子工学に関して言われる「予防原則」(Vorsorgeprinzip, precautionary principle)の、未だなされてはいない理論的基礎づけのためにも、これは必須の課題であろう。「予防原則」については、後に第八章で再度触れる。

(26) Habermas, J., *Moralbewußtsein und kommunikatives Handeln*, 1983, (stw 422), S. 41.(三島憲一他訳『道徳意識とコミュニケーション行為』岩波書店、一九九一年)

(27) この点については、拙論「批判と反省——理論的反省の実践的限界とハーバーマス」、『批判理論』(岩波講座現代思想8)、岩波書店、一九九四年、を参照願いたい。

(28) この回答は、二〇〇四年一一月一二日に京都国際会館で行われたハーバーマス京都賞受賞記念シンポジウム「自由と決定論——自由意志は幻想か?」において、パネリストであった筆者の質問に対してハーバーマス本人から口頭でなされたものである。

(29) 草柳千早「社会問題研究と日常生活の自明性」『三田社会学』第一一号、二〇〇六年。

（30）田中美津『いのちの女たちへ——とり乱しウーマン・リブ論』河出文庫、一九九二年、一五九頁。

（31）熟議民主主義に対する批判という文脈においては、同様の問題意識は、I・M・ヤングにもみられる。Young, I. M., Communication and the Other, in: Benhabib S. (ed.), Democracy and Difference, Princeton University Press, 1996.

（32）Arendt, H., *The Human Condition*, University of Chicago Press, 1958, pp. 38–49.（志水速雄訳『人間の条件』筑摩書房、一九九四年）

（33）アレントにある卓越主義(perfectionism)的な傾向に関しては、井上達夫による批判がある。井上達夫「公共性とは何か」、同編『公共性の法哲学』ナカニシヤ出版、二〇〇六年、八頁。井上による卓越主義批判としては、他にも『法という企て』(東京大学出版会、二〇〇三年)第一〇章がある。ただ、先に第六章で触れたように、オークショットの「社交体」の議論に基づく「陶冶された自我」(cultivated self)の要請や正義を各人に彼の権利を帰さんとする「不断にして恒常の意志」(constans et perpetua voluntas)に求めようとする井上流の「逞しきリベラリスト」のなかに、ある種の卓越主義を読み取ることも不可能ではないだろう。この論点は、大屋雄裕によっても指摘されている。瀧川裕英、大屋雄裕、谷口功一編『逞しきリベラリストとその批判者たち——井上達夫の法哲学』ナカニシヤ出版、二〇一五年、第六章、を参照。

（34）Hume, D., Of Essay-Writing, in: Miller, E. F. (ed.), *op. cit.*, 1987, p. 535.

（35）Torvalds, L., and Diamond, D., *Just for Fun: The Story of an Accidental Revolutionary*, Harper business, 2002.（風見潤訳『それがぼくには楽しかったから』小学館プロダクション、二〇〇一年）

（36）Benhabib, S., The Pariah and Her Shadow, in: Honig, B. (ed.), *Feminist Interpretations of*

Hannah Arendt, Pennsylvania State University Press, 1995, p. 94.（岡野八代、志水紀代子訳「パーリアと彼女の影」『ハンナ・アーレントとフェミニズム』未来社、二〇〇一年）

(37) サロンやコーヒーハウスについては、赤木昭三、赤木富美子『サロンの思想史――デカルトから啓蒙思想へ』名古屋大学出版会、二〇〇三年、や、小林章夫『コーヒー・ハウス――18世紀ロンドン、都市の生活史』講談社、二〇〇〇年、などが参考になる。

(38) 社交と会話の倫理学という見地からのスミス論としては、さしあたって島内前掲論文、を参照。

(39) Hume, D., T 3. 2. 9. 4. この1節の詳細な解釈としては、林前掲書第八章、を参照。

(40) 竹市明弘「結語」『アルケー』第一五号、関西哲学会、二〇〇七年、五八頁。

(41) オークショットの「声」については、本書第六章を参照。

(42) 社会学者の橋本健二は、会話の場としての「大衆酒場」から日雇い雇用などの低所得者層が消え、ホワイトカラーのサラリーマンがその空白を埋めるようになっている現状をフィールドワークと統計データに基づいて克明に記述している。橋本健二『居酒屋ほろ酔い考現学』毎日新聞社、二〇〇八年。

(43) 大平健のいくつかの仕事などが、それにあたるであろう。例えば、『豊かさの精神病理』岩波新書、一九九〇年、などを参照。

(44) インターネットにその可能性を求める論者は少なくない。多くの「ひきこもり」達にとって、ネットが唯一の社会との接点となっているということも事実であろう。ただ、そのためには、C・サンスティーンが言うような、「エンクレーブ」(enclave, 元はフランス語で「閉じこめられた土地」の意)という、同じ意見をもつものだけが分極化して排他的に集まるというインターネット特有の現象、さらにはそれが「サイバー・カスケード」(cyber cascade)化していくという問題を真面目に考える必要があるだろう。Sunstein, C., *Republic.com*, Princeton University Press, 2001.（石川幸

憲訳『インターネットは民主主義の敵か』毎日新聞社、二〇〇三年）

第八章　無知と寛容と信頼と

（1）Hayek, F. A., *Law, Legislation and Liberty, Vol. 1 : Rules and Order*, University of Chicago Press, 1973, p. 12.（矢島鈞次、水吉俊彦訳『ルールと秩序——法と立法と自由Ⅰ』春秋社、一九九八年）

（2）Hayek, F. A., The Theory of Complex Phenomena, in: *Studies in Philosophy, Politics and Economics*, Routledge and Kegan Paul, 1967, p. 31.（嶋津格監訳『哲学論集』春秋社、二〇一〇年）

（3）森田雅憲『ハイエクの社会理論——自生的秩序論の構造』日本経済評論社、二〇〇九年、一三〇頁。

（4）Hayek, F. A., *The Sensory Order*, University of Chicago Press, 1952, p. 186.（穐山貞登訳『感覚秩序』春秋社、一九八九年）

（5）Hume, T 3. 2. 2. 10.

（6）Hayek, F. A., Rules, Perception and Intelligibility, in: *Studies in Philosophy, Politics and Economics*, Routledge and Kegan Paul, 1967, p. 60 および、The Primacy of the Abstract, in: *New Studies in Philosophy, Politics, Economics and the History of Ideas*, University of Chicago Press, 1978, p. 45 を参照。

（7）Hayek, F. A., Competition as a Discovery Procedure, in: *New Studies in Philosophy, Politics, Economics and the History of Ideas*, University of Chicago Press, 1978, p. 184. この点については、スティーヴ・フリートウッド『ハイエクのポリティカル・エコノミー』佐々木憲介、西部忠、原伸子訳、二〇〇六年、法政大学出版局、二四〇頁、が参考になった。

（８）　先に第五章で論じたデイヴィドソンのコミュニケーションに関する理論、とりわけ、他者とコードド（規則）が共有されていない場合にどのような形で相互理解が可能になるのかについての「根元的解釈」（radical interpretation）と「善意解釈（寛容、寛大）の原理」（principle of charity）の議論や、マラプロピズム（言い間違え）に関する議論は、ある意味では、ひとつのすぐれた「無知の哲学」でもあるといえる。

（９）　Lakoff, G. and Johnson, M., *Philosophy in the Flesh: The Embodied Mind and its Challenge to Western Thought*, Basic Books, 1999.（計見一雄訳『肉中の哲学——肉体を具有したマインドが西洋の思考に挑戦する』哲学書房、二〇〇四年）

（10）　Takacs, D., *The Idea of Biodiversity*, Johns Hopkins University Press, 1996.（狩野秀之他訳『生物多様性という名の革命』日経ＢＰ社、二〇〇六年）

（11）　サイモンの限定合理性概念、およびそれと予防原則との関連については、神崎宣次「予防原則の三つの不明瞭さ」、『応用倫理学研究』第二号、応用倫理学会、二〇〇五年、を参照されたい。

（12）　福谷茂訳「哲学における最近の高慢な口調」、『批判期論集』（カント全集第一三巻）、岩波書店、二〇〇二年。

（13）　Ｅ・ラブルース、森田安一訳「宗教的寛容」、『西洋思想大事典』第二巻、平凡社、一九九〇年、p. 449。

（14）　出村彰「解題セバスチャン・カステリョ『異端は迫害さるべきか』（一五五四年）」、出村彰、丸山忠孝、飯島啓二共訳『カルヴァンとその周辺Ⅱ』（宗教改革著作集一〇）、教文館、一九九三年。カステリョについては、近藤剛「宗教的寛容の源流と流露——神学的基礎付け・哲学的概念化・合法的制度化」、『人文知の新たな総合に向けて——二一世紀ＣＯＥプログラム「グローバル化時代の多元的人文学の拠点形成」第二回報告書Ⅲ〔哲学篇２〕』京都大学大学院文学研究科、二〇〇四年、に教えられた。

（15） 数土直紀『理解できない他者と理解されない自己——寛容の社会理論』勁草書房、二〇〇一年。

（16） 本書では、一貫してコミュニケーションにおける様々な循環やジレンマの類を無知に起因するコミュニケーションの初期条件として考察してきたのだが、これについてはかつて伊勢田哲治氏より「この種の循環は進化論の視点をとりいれて、共進化的なイメージで考えたら大体解消するのではないか」という趣旨の質問をいただいたことがある。これについては進化論についての貧弱な知識しか持ち合わせていない現段階では正しくお答えすることはできないが、進化論的「説明」は、なぜわれわれが、こうした循環やジレンマに悩むことなく生きてこられたのかについてのひとつの「説明」であって、それらがコミュニケーションの初期条件であることを解消するものではなく、さらには現在それらにわれわれがどう対応しているか、対応するべきかという問題は残り続けるとだけお答えしておきたい。

（17） Simmel, G., *Soziologie. Untersuchungen über die Formen der Vergesellschaftung*, Rammstedt, O. (Hg.), Gesamtausgabe, Bd. 2, 1989, S. 393.（居安正訳『社会学（上）』白水社、二〇一六年）

（18） Simmel, G., *Philosophie des Geldes*, Rammstedt, O. (Hg.), Gesamtausgabe, Bd. 6, 1989, S. 216.（居安正訳『貨幣の哲学』白水社、一九九九年）

（19） 以下の議論は、日本現象学・社会科学会二〇一一年度大会におけるシンポジウム「信頼」での浜日出夫氏の報告「信頼の社会的次元と時間的次元」および同氏との討論に負うところが大きい。公刊されている論文としては、浜日出夫「ガーフィンケル信頼論再考」『年報筑波社会学』第七号、筑波社会学会、一九九五年、がある。

（20） Garfinkel, H., A Conception of, and experiments with, 'trust' as a condition of stable concerted actions, in: Harvey, O. J. (ed.), *Motivation and Social Interaction*, Ronald Press, 1963.

(21) ガーフィンケルの信頼論についてのより詳細な検討としては、他に秋谷直矩「エスノメソドロジーにおける信頼概念」、小山虎編著『信頼を考える――リヴァイアサンから人工知能まで』勁草書房、二〇一八年、第三章、がある。

(22) Luhmann, N., *Vertrauen: Ein Mechanismus der Reduktion sozialer Komplexität*. 4. Aufl., Lucius & Lucius, 2000 (1968).（大庭健、正村俊之訳『信頼――社会的な複雑性の縮減メカニズム』勁草書房、一九九〇年）

(23) Parsons, T., and Shils, E. A. (eds.), *Toward a General Theory of Action*, Harvard University Press, 1951, p. 18.（永井道雄、作田啓一、橋本真訳『行為の総合理論をめざして』日本評論新社、一九六〇年）

(24) Luhmann, *op. cit.*, S. 126.

(25) Luhmann, *op. cit.*, S. 10, S. 27.

(26) 蛇足めいたことを記させていただくならば、かつて恩師のひとりがハイデッガーの主著の翻訳に際して「ハイデッガーの 'Zeit' は『時間』などという間延びしたものではない。」といったことを述べておられたのが思い出される。その指摘の鋭さと正しさは今なお心を打つが、しかしあえていうならば会話と社交の倫理学はまさにその「間延びした時間」における哲学であるべきではないだろうか。辻村公一訳『有と時』河出書房新社、一九七四年、「解題」を参照。

終章　共在の倫理学へ向けて

(1) 木村大治『共在感覚――アフリカの二つの社会における言語的相互行為から』京都大学学術出版会、二〇〇四年、一〇〇―一〇一頁。

(2) Goffman, E., *Behavior in Public Places: Notes on the Social Organization of Gatherings*, The

Free Press, 1963, p. 83.（丸木恵祐、本名信行訳『集まりの構造――新しい日常行動論を求めて』誠信書房、一九八〇年）

（3）バーチャル・リアリティについては、拙論「バーチャルリアリティは「悪」か」、『哲學』（日本哲学会）六〇号、二〇〇九年、を参照願いたい。

（4）Rawls, J., *A Theory of Justice*, (revised edition), p. 9.（川本隆史、福間聡、神島裕子訳『正義論』紀伊國屋書店、二〇一〇年）

（5）Young, I. M., *Justice and the Politics of Difference*, Princeton University Press, 1990.（飯田文雄・苅田真司・田村哲樹監訳『正義と差異の政治』法政大学出版局、二〇二〇年）

Anderson, E. S., What Is the Point of Equality?, *Ethics*, 109 (2), 1999, pp. 287-337.（森悠一郎抄訳「平等の要点とは何か」、広瀬巌編・監訳『平等主義基本論文集』勁草書房、二〇一八年）

Fraser, N., *Justice Interruptus: Critical Reflections on the "Postsocialist" Condition*, Routledge, 1997.（仲正昌樹監訳『中断された正義：「ポスト社会主義的」条件をめぐる批判的省察』御茶の水書房、二〇〇三年）

（6）森悠一郎『関係の対等性と平等』弘文堂、二〇一九年、一〇頁。

（7）Dworkin, R., *Sovereign Virtue: The Theory and Practice of Equality*, Harvard University Press, 2000.（小林公他訳『平等とは何か』木鐸社、二〇〇二年）

なおドウォーキン自身はこの「運の平等主義」者ではないと言っている。Dworkin, R., Sovereign Virtue Revisited, *Ethics*, 113 (1), 2002, pp. 106-143.

（8）Taylor, C., The Politics of Recognition, in: Gutmann A. (ed.), *Multiculturalism and the Politics of Recognition*, Princeton University Press, 1992, pp. 25-74.（佐々木毅、辻康夫、向山恭一訳『マルチカルチュラリズム』岩波書店、一九九六年）

（9） Honneth, A., *Das Andere der Gerechtigkeit*, Suhrkamp, 2000, S. 175.（『正義の他者』法政大学出版局、二〇〇五年、一九一頁）

（10） Taylor, *op. cit*., p. 25.

（11） この「かのように(as-if)」という発想は、元々はかつて私がコミュニケーションの問題としてプライバシーを論じたなかで出てきたものである。Mizutani, M., Dorsey, J., and Moor, J. H., The internet and Japanese conception of privacy, *Ethics and Information Technology*, 6(2), 2004, pp. 121-128. これについての日本語での紹介としては、佐々木拓「壁にマイクあり障子にカメラあり――ロボット社会のプライバシー問題について考える」、久木田水生、神崎宣次、佐々木拓『ロボットからの倫理学入門』名古屋大学出版会、二〇一七年、一一九―一四五頁、がある。

（12） Carter, I., Respect and the Basis of Equality, *Ethics*, 121 (3), 2011, pp. 538-571. 同論文の存在については福家佑亮氏の教示をえた。

（13） 井上彰『正義・平等・責任』岩波書店、二〇一七年、四三頁。

（14） 菅原和孝『会話の人類学』（ブッシュマンの生活世界Ⅱ）、京都大学学術出版会、一九九八年、三三三頁。

（15） 「ブッシュマンは平等主義者である」というクリシェに対する、それは「近代」という視点からのノスタルジアにすぎないという批判は、菅原も参照している北村光二の論文「『平等主義社会』というノスタルジア――ブッシュマンは平等主義者ではない」という野心的な論考の主題となっている。ここではその鋭い議論の詳細を紹介することはできないが、同論文においても「対等性」（北村の用語では「対称性」）がコミュニケーションにおいて当事者間の優劣関係を表面化しないこととして語られている。北村光二「『平等主義社会』というノスタルジア」『アフリカ研究』48、一九九六年、pp. 19-34。なお、菅原、北村、木村、中村らにとって共通の師であるといえる伊谷純一郎の論考「人間平等起源論」(『霊長類の社会構造と進化』(伊谷純一郎著作集第三巻)、平凡社、二〇〇八年)は、すべての平等論の研究者にとって必読のものであるといえよう。

(16) Simmel, G., Die Geselligkeit (Beispiel der reinen oder formalen Soziologie), 1917, in: *Grundfragen der Soziologie, Individuum und Gesellschaft*, Drittes Kapitel, 1917, in: Gesamtausgabe Bd. 16, Suhrkamp, 1999, S. 112.(清水幾太郎訳『社会学の根本問題』岩波文庫、一九七九年)

(17) *ibid.*, S. 109.

(18) E・ゴッフマン、佐藤毅、折橋徹彦訳『出会い——相互行為の社会学』誠信書房、一九八五年、八頁。

(19) 教育学の領域では、矢野智司編著『マナーと作法の人間学』東信堂、二〇一四年、などがある。

(20) ギリシャ語の'tékhnē'、ラテン語の'ars'に由来する'art'あるいは'Kunst'といったことが社交において重要な役割を果たしてきたということは山崎前掲書第六章においても指摘されている。ただ、山崎は歴史的な視点から、それが「衰退」していったとみている。この見解は「文明史」的には正しいものであるのかもしれないが、本書では、これを特定の歴史的現象としてではなく、ある意味で普遍的な概念であると捉える立場をとる。

(21) Rothman, L., A Cultural History of Mansplaining, *The Atlantic*, Nov. 2, 2012.

(22) Glick, P., & Fiske, S. T., The Ambivalent Sexism Inventory: Differentiating Hostile and Benevolent Sexism, *Journal of Personality and Social Psychology*, 70(3), 1996, pp. 491-512; Glick, P., & Fiske, S. T., The Ambivalence toward Men Inventory: Differentiating hostile and benevolent beliefs about men, *Psychology of Women Quarterly*, 23(3), 1999, pp. 519-536.

(23) ハビトゥス概念を中心としたP・ブルデューの一連の仕事、たとえば、Bourdieu, P., *La Distinction: critique sociale du jugement*, Editions de Minuit, 1979,(石井洋二郎訳『ディスタンクシ

オンⅠ・Ⅱ』藤原書店、一九九〇年）なども参照されるべきであろうが、ここでは措かざるをえない。

（24）この「視線を下げて」ということに関しては、かつて七〇年代の社会学において「ミクロ／マクロ」問題として議論されていた論点が想起されるべきであろう。これは、エスノメソドロジー的な「方法」に対する批判から発生した議論であり、会話分析などの手法を用いてローカルな日常の実践に注目してきたエスノメソドロジーに対して「トリヴィアルなものへの拘泥」、「構造的なものの欠落」といった批判がなされたことに端を発するものであった。これを受けてのエスノメソドロジー側の反論は、構造的なるものは、社会学者の理論的探究によって日常的な実践の外部に発見されるものなどではなく、人々のローカルな日常的実践のなかで立ち現れてくるものであるというものであり、これはある意味では「ミクロ／マクロ」といった単純な二分法を止揚するものであった。こうした論点は、倫理学においては「ミクロ／マクロ」といった論点が未だに行為論に定位した「個人道徳」と制度論に定位した「社会倫理」の問題としてのみ考えられがちな現状をみるとき、重要な問題を内包しているといえるだろう。これについての検討は残された課題とせざるをえない。さしあたっては、西山真司『信頼の政治理論』名古屋大学出版会、二〇一九年、における詳細かつ周到な議論が参照されるべきであろう。

（25）Cullen, Z. B. and Perez-Truglia, R., The Old Boys' Club: Schmoozing and the Gender Gap, *NBER Working Paper* No. 26530, National Bureau of Economic Research, December 2019, Revised in September 2020.

（26）かつてハーバーマスが「討議」(Diskurs)の理論を彫琢したときに用いた、「理想的発話状況」(ideale Sprechsituation)の反事実的な理論的先取りに基づく「体系的に歪められたコミュニケーション状況」の批判という手法を援用することは困難である。なぜなら、意思疎通と合意形成のみを目的とする「討議」の場合とは異なり、この二つの目的に対応する「コミュニケーション的合理性」のようなものを会話に求めることはできないであろうからである。これはより直接的には、「理想的会話状況」あるいは「体系的に歪められた会話」という概念を創出することによって本文で挙げたような事例に対処することの困難さでもある。ハーバーマスの「理想的発話状況」「体系的に歪められたコミュニケーション」については、それぞれ、Habermas, J., Vorbereitende Bemerkungen zu einer Theorie der kommunikativen Kompetenz, in: Habermas, J. und Luhmann, N. (Hrsg.), *Theorie der Gesellschaft oder Sozialtechnologie*, Suhrkamp, 1971, S. 137.（佐藤嘉一他訳『批判理論と社会システム理論――ハーバーマス＝ルーマン論争』木鐸社、一九八七年）および、*Theorie des kommunikativen Handelns*, Band 1, Suhrkamp, 1981, S. 445f.（藤沢賢一郎他訳『コミュニケイション的行為の理論』中、未來社、一九八六年）を参照。

あとがき

本書の最終稿を整理しているときに頭から離れなかったのは、はたしてこれは倫理学の書であるのかという疑念であった。大学院で倫理学を専攻し、かつまた大学の倫理学研究室で（あつかましくも）長らく教壇に立っていた者が書いたものであるからには、倫理学の書であるとさしあたってはみなされるであろうことは確かかもしれない。しかし、たとえば倫理学の授業で訳知り顔に講じてきた規範倫理学の三分類、すなわち「義務論」「帰結主義」「徳倫理学」、あるいはメタ倫理学における価値の「実在論」対「反実在論」、といった、多くの標準的な倫理学の教科書にも出てくる諸概念が一度も登場しない書物を倫理学書と呼びうるのかという疑いは至極正当なものであるようにも思われる。にもかかわらず、書き終えた今の私の答えは「これでいいのだ」ということになる。

その言い訳を兼ねて本書の成立事情を記すにあたり、少々回顧的なことから始めてみたい。学部、大学院時代にかなり集中的に取り組んだのは、ドイツの現象学者マックス・シェーラーの著作であった。シェーラーの倫理学は現代英米倫理学的な分類に従えば「直観主義」となるのであろうが、その内実は英米流の直観主義にはない、情緒的な直観概念に関する現象学的な認識論の追究であり、その精妙かつ豊潤な記述は未だ若い学徒には十分に魅力的であった。しかしそうだとしても、それが直観主義一般に対して向けられる常套的批判、すなわち他者との直観間の衝突の解決という問題、あるいは一種の「達人倫理」ではないのかという問題は残されたままであった。そのような中で「最も深い点での直観の衝突は社会的には調停不可能であるがゆえに他者をそのままにして彼の道を行かせるのがよい」といった趣旨の文言(『人間における永遠なるもの』第二版序文)に出会った時は、当のシェーラーが別の書物では他者に対する「共感」(Sympathie)に関する見事な研究を残しているだけに大いに落胆したのであった。

流行し始めていたハーバーマスの「コミュニケーション倫理学」あるいは「討議倫理学」と出会い、本書でも扱った「公共圏論」をはじめとする初期著作を含めて読み漁ったのはそうした時期であった。ただ当時の日本では、ハーバーマスの理論は、いわゆる「規範の究極的根拠づけ」という文脈で議論されることが多かったのに対して、私自身は、ひとつの倫理学理論が理論それだけで特定の規範の正当化を直接導出するのではなく、あくまで「討議」という時間空間のなかで実際に行われるコミュニケーションに正当化の手続きを委ねるという発想の方に大きな魅力を感じていた。倫理学とは上の投入口に個別の倫理問題を投入し、理論の選択ボタンを押しさえすれば、直ちに下の取り出し口に答えが排出されるという類の自動販売機の如きものではないという、本書を通じた信念の基本はこのあたりに由来するともいえる(自動販売機という比喩は、同僚のM・キャンベル氏による)。しかし、やはりハーバーマスの「理論」の細部には、有名な「理想的発話状況」の概念をはじめとして納得できない点も多く見られ、批判的解釈をした論文をいくつか書いたりハーバーマス本人に質問してみたりもした(第五章註4を参照。またこの若気の至りともいうべき稚拙な質問は、河上倫逸他編『法制化とコミュニケイション的行為――ハーバーマス・シンポジウム』未来社、一九八七年、に記録されてしまっている)。そこでの私の論点は、「理想的発話状況」という先取りされた理念に基づく「討議」の理論は、ソクラテス以来の哲学的な「対話」の理論がもっていたはずの豊かさを切り詰めてしまっているのではないかという生硬なものであった。

しかし最も大きな変化となったのは、この「討議」と「対話」という対立項に対する関心以上に、それと並行して生まれた「会話」というものの存在に対する関心であった。ただこれは、哲学・倫理学に関わる勉強や交わりのなかからではなく、京都大学人文科学研究所の社会人類学部門における共同研究に参加したことがきっかけとなった。谷泰先生を班長とするこの共同研究には、谷先生の広範な知見と関心を反映して、人類学のみならず社会学、言語学、霊長類学、動物(人間)行動学、芸術学その他の専門分野の研究者が結集していたのだが、そのなかに(フィールドワークをはじめとする実証研究を行わない)哲学・倫理学の研究者という異分子の闖入が許されたのは幸福の極みであった。『社会的相互行為の研究』(京都大学人文科学研究所、一九八七)、『コミュニケーションの自然誌』(新曜社、一九九七)の二冊に代表される共同研究の報告書に書いた論稿は、本書の発想の出発点ともいうべきものとなっている。その意味では、本書が負っている第一の学恩は、谷先生を始めとするこの研究会のメンバーによるというべきであろう。菅原和孝、北村光二、木村大治、定延利之、中村美知夫といった人々の仕事の数々は、本書でも多くの参照をさせていただいた。

そのような「会話」という現象への着目は、当初は倫理学そのものへの関心とは無関係に始まったといえる。しかし、現在の職場へ移籍し、再び倫理学を名乗らざるをえなくなった段階で、ひとつの転機が訪れた。それは、これまで親しんできたドイツ流の超越論哲学こそが哲学の最高峰であると信じていた私が、ロックやヒュームなどのイギリス経験論に分類される哲学者を主たる専門としようとしている大学院生たちの博士学位論文の「指導」をせざるをえなくなったことに起因する。たとえば、本書でも繰り返し扱ったヒュームに関しては、学生時代に『人間本性論』の演習に顔を出したことはあったものの、その第一部の有名な懐疑論に帰着する認識論にはほとんど関心をもつことはなかった。しかしそれが、まず奥田太郎氏(現南山大学)のヒューム研究に博士課程の指導教員として関わっていた時に、『人間本性論』第三部の道徳論は、まさに「社交の倫理学」ではないのかと思い至ったのであった。その後も、島内明文氏(現星薬科大学)のスミス、林誓雄氏(現福岡大学)のヒューム、永守伸年氏(現京都市立芸術大学)のカントなどにつきあわされるなかで、「会話と社交の倫理学」というテーマがひとつの像を結ぶようになり、勝手に「社交・会話学派」を名乗るようになっていった。

もちろんこれら以外にも児玉聡氏（現京都大学）、林芳紀氏（現立命館大学）、神崎宣次氏（現南山大学）、佐々木拓氏（現金沢大学）、相澤伸依氏（現東京経済大学）、山本圭一郎氏（現国立国際医療研究センター）、小城拓理氏（現愛知学院大学）、鈴木崇志氏（現立命館大学）及び、現在学位論文執筆中の何人かの諸君との「討論」のみならず「会話」は本書の成立にとっての大きな糧となっている。日頃から「弟子の七光り」を自認する私としては、本書の第二の学恩はこれらの人々に蒙っていると言わねばならない。

というわけで、いくつかの偶然の作用によって「会話の哲学」と「社交の倫理学」が出会い、結びつくこととなった。この結婚が成功したものであるのかどうかについての判断はこの拙い小著を手にとってくださった皆様に委ねるしかないが、媒酌人としてはひとまずの任務を果たしたと思う。類書のなさという点においては自負するところもあるが、倫理学としては若干腰が引けている部分がないわけではないということも自覚はしている。というより倫理学には、現代社会という難敵と真正面から組み合う前に、一度しっかりと腰を引いてみる必要があるのではないかというのが正直なところでもある。諸賢からの忌憚のないご批判をいただければ幸いである。

本書は一貫した問題意識の下に書かれたものではあるが、これまでに公表してきた論文のいくつかを利用している。いずれも大幅な加筆修正を行ったが、念のために公刊順に記しておく。

「相互行為記述における規則概念の射程」、谷泰編『社会的相互行為の研究』京都大学人文科学研究所、一九八七年。

「伝達・対話・会話――コミュニケーションのメタ自然誌へむけて」、谷泰編『コミュニケーションの自然誌』新曜社、一九九七年。

「コミュニケーションと倫理学」上・下、『哲学研究』(京都哲学会)第五七九号、第五八〇号、二〇〇五年。

「倫理学が直面すべき現実とはなにか」、『アルケー』(関西哲学会)一五号、二〇〇七年。

「だれがどこで会話をするのか――会話の倫理学へむけて」、『実践哲学研究』(実践哲学研究会)第三一号、二〇〇八年。

「無知の哲学――応用哲学の出発点としての」、戸田山和久、出口康夫編『応用哲学を学ぶ人のために』世界思想社、二〇一一年。

「無知と寛容と信頼と」、戸田山和久、美濃正、出口康夫編『これが応用哲学だ!』大隅書店、二〇一二年。


本書の出版に際しては、その企画段階から岩波書店編集部の押田連氏のお世話になった。押田さんには、一から編集業務を引き受けていただいたのみならず、多くの貴重なご意見もいただいた。そのご助力がなければ本書は日の目をみることはなかったであろう。厚く御礼申し上げたい。

また本書の作成に本格的に取り組みえたことについては、二〇二一年度に京都大学文学研究科から一年間の「特別研究期間」(いわゆるサバティカル)を認めていただけたことが大きな助けとなった。期間中は、同じ倫理学専修の児玉聡准教授を始め、文学研究科思想文化学系の教員の方々にはご迷惑をおかけしてしまった。本書が、それに対するわずかばかりの謝意となることを祈るばかりである。

本書の草稿は、二〇二一年度の京都大学大学院文学研究科、文学部における特殊講義において、毎週一章ずつ読み上げ、出席者との意見交換を行った。院生、学生達の批評は毎回遠慮会釈のないものであったが、おかげで多くの有意義な修正を加えることができた。むろん、そこでのコミュニケーションは、講義であるからには社交的な会話でこそなかったが、「対等」な関係による討論の悦楽さえ感じさせてくれるものであった。私は本年度末をもって定年退職する予定であるが、(近年はいささか心許なくなっている)「自由の学風」の下で、教えつつ学ぶという教育と研究の一致した環境に恵まれたことは、若干の辛苦もあったにせよ概ね幸福であったと言わねばならないであろう。草稿の整理や索引作成については、京都大学文学研究科博士後期課程の林和雄氏の手を煩わせた。記して感謝する。

他にも多くの謝辞を述べるべき方々がいらっしゃるとは思うが、最後に、半世紀近くの間、私との会話（そしてたまには議論）につきあってくれている妻、水谷理恵子に心よりの「ありがとう」の言葉とともに本書を捧げることをお許しいただきたい。

二〇二一年霜月、左京の研究室にて

水谷雅彦

事 項 索 引

タ 行

ナ 行

ハ 行

人名索引

サ 行

水谷雅彦
1957年大阪市に生まれる．1979年京都大学文学部哲学科卒．1985年京都大学大学院文学研究科博士後期課程研究指導認定退学．倫理学専攻．神戸大学専任講師，助教授を経て，現在，京都大学大学院文学研究科教授．著書に『情報の倫理学』(2003 丸善)．編著に『マイクロ・エシックス』(1993)，『情報倫理学』(2000)，『情報倫理の構築』(2003)，『倫理への問いと大学の使命』(2010)，『岩波応用倫理学講義』(2004-05)，など．

共に在ること 会話と社交の倫理学

2022年2月17日 第1刷発行

著 者 水谷雅彦《みずたにまさひこ》

発行者 坂本政謙

発行所 株式会社 岩波書店
〒101-8002 東京都千代田区一ツ橋2-5-5
電話案内 03-5210-4000
https://www.iwanami.co.jp/

印刷・法令印刷 カバー・半七印刷 製本・牧製本

ISBN 978-4-00-061520-4 Printed in Japan